KB267514

돈이 쌓이는 집, 돈이 새는 집

돈이 쌓이는 집,
돈이 새는 집

지은이 시모무라 시호미下村志保美

정리 수납 서비스 PRECIOUS DAYS의 대표.

1968년 일본 에히메현에서 태어나 투자자문사에서 경력을 쌓았으며, 남편의 전근으로 중동 카타르에서 5년간 거주했다. 귀국 후 일과 육아를 병행하던 중 친구의 집 정리를 도와준 것을 계기로 2014년부터 정리 컨설팅 분야에 본격적으로 발을 들였다. 다양한 가정을 컨설팅하며 주거 환경이 가정 경제는 물론 마음가짐에도 깊은 영향을 미친다는 점을 깨닫고, 공간·마음·시간이라는 세 가지 요소를 정돈해 일상에 활력을 불어넣자는 목표로 회사를 창립했다. PRECIOUS DAYS는 고객의 집을 보다 효율적이고 쾌적한 공간으로 바꾸는 데 기여하고 있다. 특히 고객 자산관리 경험을 바탕으로, 정리와 수납을 통해 가계 재무를 체계적으로 관리하는 방법을 제시해 많은 신뢰와 지지를 받고 있다.

お金が貯まる家にはものが少ない

Original Japanese title: 'OKANE GA TAMARU IE' NIWA MONO GA SUKUNAI

Copyright © Shihomi Shimomura 2024

Original Japanese edition published by Fusosha Publishing, Inc.

Korean translation rights arranged with Fusosha Publishing, Inc. through The English Agency (Japan) Ltd. and Duran Kim Agency.

돈이 쌓이는 집,

돈이 새는 집

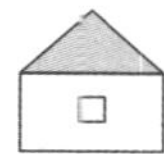

시모무라 시호미 지음　강산 옮김

부·키

옮긴이 강산

미니멀리스트를 꿈꾸는 ‘적당리스트’로, 마음의 상태가 집 공간에 고스란히 드러난다는 사실을 깨달은 후 정리정돈과 수납에 관심을 가지게 되었다. 일본에서 애니메이션을, 한국에서 호텔경영학과 일본학을 전공했으며, 현재 바른번역 소속 번역가로 활동 중이다. 번역서로는 《일본 교과서 속 일본 근대 문학》이 있다. 정리만큼이나 사랑하는 것은 책. 인스타그램(@kang_sssss)에서 독서 계정을 운영하며 책을 매개로 독서가들과 활발히 소통하고 있다.

돈이 쌓이는 집, 돈이 새는 집

초판 1쇄 발행 2026년 1월 20일

지은이 시모무라 시호미 | **옮긴이** 강산 | **발행인** 박윤우 | **편집** 김유진 박영서 박혜민 백은영 성한경 유소영 장미숙 | **마케팅** 박서연 정미진 정시원 조아현 함석영 | **디자인** 박아형 이세연 | **경영지원** 이지영 주진호 | **발행처** 부키(주) | **출판신고** 2012년 9월 27일 | **주소** 서울시 마포구 양화로 125 경남관광빌딩 7층 | **전화** 02-325-0846 | **팩스** 02-325-0841 | **이메일** webmaster@bookie.co.kr | ISBN 979-11-7578-004-0 03190

※ 잘못된 책은 구입하신 서점에서 바꿔드립니다.

만든 사람들 편집 백은영 | 디자인 이세연

안녕하세요, 정리 전문가이자 재무설계사, 시모무라 시호미입니다.

제가 10년 넘게 1000명이 넘는 의뢰인을 만나고, 수많은 공간을 살펴보며 느낀 점이 있습니다. "집을 보면 그 사람이 삶을 대하는 태도가 드러난다"라는 것이지요.

꼼꼼하게 따져가며 소비하고 꼭 필요한 것만 집에 들여서 공간에 여백을 남기는 사람과, 계획 없이 돈을 쓰고 집에 물건이 쌓여가는 사람. 둘 중 어느 쪽이 부자에 가까울까요? 제가 경험한 바로는, 부자들은 공간이 넓든 작든 필요 이상으로 물건을 많이 들여놓지 않았습니다. 그들이 공간을 대하는 태도는 돈을 대하는 태도와 크게 다르지 않았습니다.

또 많은 공간을 컨설팅하다보니 주거 환경과 가정 경제 간에 밀접한 상관관계가 있어 보이는 것도 사실이었습니다.

돈이 차곡차곡 쌓이는 집과 돈이 새는 집 사이에 분명한 차이가 있었거든요. 직업 특성상 의뢰인의 집을 서랍 안쪽까지 속속들이 살펴보며 물건이 얼마나 많은지, 얼마나 자주 구매하는지 등 소비 성향까지 알게 되다 보니 비교할 수 있었던 것입니다.

질문 하나를 드려볼게요. 여러분은 돈을 쓸 때 '갖고 싶은 물건'을 사는 편인가요, 아니면 '살 수 있는 물건'을 사는 편인가요? 비슷해 보이지만 이 두 소비 방식은 전혀 다른 결과를 낳습니다. 과연 어느 쪽이 돈을 쌓는 습관일까요? 이 책을 끝까지 읽어가다 보면 그 해답을 발견하게 될 것입니다.

정리·재무 전문가라고 하면 흔히 의뢰인 대신 물건을 마구 버리거나 불필요한 씀씀이를 지적해 가계 지출을 줄이는 사람을 떠올리기 쉽습니다. 하지만 저는 의뢰인의 라이프스타일을 고려하면서 더욱 쾌적한 환경을 함께 설계하는 정리 방식을 추구합니다.

한 의뢰인은 "돈이 어디로 새는지 모르게 빠져나간다"라며 고민하셨습니다. 집 안에는 사놓고 잊어버린 물건들이 어지럽게 쌓여 있어 찾기가 어려웠고 수납장 깊은 곳엔 포장도 뜯지 않은 물건들도 가득했지요. 그 집에서 불필요한 물건을 정리하고 '진짜 필요한 것'만 남기는 작업을 마친 지

6개월 후, 고객님은 이렇게 말했습니다.

"같은 월급을 받는데도 저절로 돈이 남기 시작했어요. 그리고 신기하게도 마음도 편해졌어요."

생활 습관이나 사고방식을 의식적으로 바꿔나가면 '아무리 아껴 써도 돈이 모이지 않는 집'이 '별다른 노력 없이도 돈이 저절로 모이는 집'으로 변하는 기적 같은 일이 일어납니다. 다만 정리정돈과 재무관리는 살아가는 내내 꾸준히 해야 하는 일이기에 지나친 압박감을 느끼거나 억지로 애쓰면 지속하기 어렵습니다.

이 책이 여러분의 '소유에 관한 생각'을 바꾸는 계기가 되고, 결국에는 자기 삶 속에서 '진짜 필요한 것'과 '굳이 필요하지 않은 것'을 가려내는 열쇠가 되기를 바랍니다.

"물건에 집착하는 마음을 내려놓았더니 낭비가 줄고, 돈이 모이고, 나도 가족도 웃는 날이 많아졌다."

이런 삶을 함께 목표로 삼아보면 어떨까요?

목
차

1장 | 집의 여백이 부를 부른다

2장 | 돈이 모이는 습관

집의 여백이
부를 부른다

정리의 목적은 단순히 치우는 데 있는 것이 아니라, 삶의 방향을 바꾸는 데 있습니다.

여백의 미를
만들자

여러분의 집에는 여백, 즉 아무것도 없는 빈 공간이 있나요? 옷장, 현관, 주방, 거실, 욕실 어디든 상관없습니다. 중요한 건 그 공간에 물건이 하나도 없는 상태, 말 그대로 비어 있는 자리가 있는가입니다.

"우리 집은 현관이에요. 구두나 잡동사니 없이 항상 깔끔하게 정돈되어 있어요" "수납장 위가 비어 있는데, 굳이 물건을 올릴 생각은 없어요"라고 말할 수 있다면 정말 훌륭합니다. 반대로 '옷장 안에 여유가 생겼는데, 뭘 넣으면 좋을까?' '거실에 남는 공간이 있는데 캐비닛을 하나 사서 정리할까?'라는 생각이 먼저 든다면, 그건 정리가 아니라 또 다른 '채움'일 수 있습니다.

여백은 버려진 공간이 아니라 의도적으로 남겨두어야 하는 자리입니다. 그 공간으로 인해 집이 전체적으로 시원

하고 넓어 보이는 효과도 생기지요.

'방의 여백은 곧 마음의 여유'라고 생각합니다. "비어 있는 공간이 아까워요"라고 말하는 분들이 많지만, 그 여백을 억지로 채우다 보면 오히려 사장품(死藏品)만 늘어나고 진짜 데드 스페이스가 되어버리기 쉽습니다.

저도 집 거실에 일부러 여백을 남기려 노력하고 있습니다. 덕분에 '몸 좀 풀어볼까?' 싶을 땐 어디든 요가 매트를 깔고 스트레칭을 할 수 있고, 바닥에 물건이 없으니 청소도 쉬워집니다.

이처럼 진짜 데드 스페이스를 줄이는 일만으로도 집안일이 훨씬 수월해지고 공간이 정돈되며 자유 시간도 늘어나 몸과 마음이 함께 건강해집니다.

부자들이 물건을
쌓아두지 않는 이유

1장 집의 여백이 부를 부른다

영화나 드라마 좋아하시나요? 요즘은 OTT 서비스 덕분에 다양한 나라의 작품을 자유롭게 즐길 수 있는 시대가 되었지요. 그 속에 등장하는 멋진 집이나 감각적인 인테리어를 보며 동경심을 느끼는 사람도 많을 겁니다.

그런데 드라마를 보면서 정리의 비결도 함께 얻을 수 있다는 것, 알고 계셨나요? 시대나 국적은 상관없습니다. 실내 장면이 나올 때 그 공간에 물건이 많은지, 적은지를 유심히 살펴보세요. 어느 순간 한 가지 흥미로운 공통점을 발견하게 될 거예요. 부잣집일수록 물건이 적다는 사실 말이죠.

예를 들어볼까요? 미국 드라마 〈섹스 앤 더 시티〉 속 뉴욕 상류층 인물들의 집은 언제나 널찍하고 여백이 살아 있는 공간으로 연출됩니다. 넓은 공간에 꼭 필요한 물건만 정갈하게 놓여 있고, 군더더기 없는 인테리어가 시선을 사로

잡습니다. 물론 넓은 평수일수록 여백을 두기 쉬운 것도 부정할 수 없습니다만, 공간 전체에서 느껴지는 정돈감과 여유가 바로 그 집을 '부잣집'처럼 보이게 하는 것이랍니다.

반면, 경제적으로 넉넉하지 않은 인물의 집이나 방은 대체로 물건이 가득 차 있고 좁은 공간이 더 비좁게 느껴지도록 연출되어 있습니다. 이는 단순히 가상이나 우연이 아닙니다. 미술팀이 등장인물의 경제적 계층을 드러내기 위해 의도적으로 설정한 연출입니다.

부자일수록 '꼭 필요한 것, 가치 있는 것을 소유한다'라는 기준이 분명한 경우가 많습니다. 공간을 무언가로 가득 채우기보다는 삶의 질과 정신적 여유를 중시하기 때문에 오히려 덜 가진 쪽을 선택하죠. 정돈된 공간은 심리적 풍요로움과 시간의 주도권을 가진 사람들의 사고방식을 반영합니다.

설령 집이 좁더라도, 가장 먼저 물건을 줄이는 연출부터 시작해보세요. 당신의 집도 그 여백만으로 '어쩐지 세련된 느낌'을 충분히 줄 수 있습니다.

당신 집에
있을지도 모르는 도둑

느닷없지만, 혹시 집 안에 도둑이 숨어 있는 건 아닐까요? 여기서 말하는 도둑은 사람이 아닙니다. 현대인의 삶에는 쾌적함을 방해하는 '보이지 않는 도둑'이 존재합니다. 이 도둑들은 우리 집에 쌓여야 할 돈을 슬그머니 훔쳐 갑니다. 돈뿐 아니라 심지어 여유, 즐거움, 화목한 가족관계까지 앗아가죠.

이 도둑들은 아래 세 가지 유형으로 나뉩니다.

- 시간 도둑
- 공간 도둑
- 노력 도둑

이 세 도둑이 바로 '돈이 새고 집이 너저분해지는' 핵심

원인입니다. 반대로 말하면 이 세 가지만 잘 다스려도 지갑이 두둑해지고, 마음도 편해질 수 있다는 이야기지요.

● 시간 도둑 : 물건을 찾는 시간이 낭비다

먼저 '시간 도둑'부터 살펴볼까요? 집 안이 물건으로 가득 차 있으면, 필요한 물건을 제때 찾지 못하고 허둥대기 일쑤입니다. "그 옷 어디에 뒀더라?" "아이 학원 프린트물이 안 보이네" "저번에 사 둔 칫솔 어디 갔지?" 이렇게 찾느라 허비하는 시간이 바로 시간 도둑입니다.

물건이 어디에 얼마나 있는지 제대로 파악되어 있다면 다음 행동으로 곧바로 넘어갈 수 있겠죠. 물건을 찾느라 보내는 그 시간이 인생에서 낭비되는 '시간 도둑'이라는 사실을 기억해주세요.

● 공간 도둑 : 가장 큰 소비는 '공간' 이다

두 번째는 '공간 도둑'입니다. 옷장, 수납장, 냉장고 등 틈새마다 물건을 쌓아두는 습관이 바로 이 도둑의 정체죠. 꼼꼼하고 성실한 사람일수록 남은 공간을 아까워하는 경우가 많습니다. "공간은 전부 활용해야지" "비워두긴 아까워"라며 수납 상자를 구해 물건을 넣어둡니다. 그런데 꽉꽉 채

워진 공간은 얼핏 정돈된 것처럼 보이지만, 실제로는 악순환의 시작입니다. 불필요한 물건이 점점 늘어나는 것이거든요. 이 공간은 가득 차 있어 물건을 잘 찾을 수도 없고, 무엇이 있는지 알아도 꺼내기 어려워지죠. 통기가 어려워 곰팡이의 원인이 되기도 합니다.

대궐 같은 저택에 사는 게 아니라면 가정들 대부분은 공간이 한정되어 있습니다. 물건이 쌓여 있는 곳의 비용이 얼마나 되는지 계산해보면 더 피부에 와닿습니다.

예를 들어, 4억 원짜리 21평 아파트에 살고 있다고 가정해볼게요. 그중 3평짜리 방 하나에 물건이 창고처럼 쌓여 있다면, 평당 약 1900만 원 × 3평 = 5700만 원. 무려 5700만 원어치의 공간을 쓸모없는 물건 보관소로 쓰고 있는 셈입니다. 도심지에 산다면 면적당 금액은 훨씬 비쌀 겁니다. 비효율적인 공간 활용이 곧 돈이 새는 이유입니다.

• 노력 도둑 : 무심코 반복하는 낭비

의외로 쉽게 눈치채지 못하는 것이 바로 세 번째 도둑, '노력 도둑'입니다. 넘쳐나는 물건을 정리정돈하는 일이 일상처럼 굳어져, 자신도 모르게 시간과 에너지를 계속해서 소모하게 되는 것이죠.

제가 의뢰인의 집을 방문하면 처음 눈에 들어오는 것들이 있습니다. 뚜껑이 달려 있어 안에 있는 물건을 꺼내 쓰기 불편한 수납함, 여닫기 힘든 서랍, 짐이 가득 쌓여 잘 열리지 않는 문 등…. 매일같이 불필요한 노력을 들이는데도 익숙함에 젖어 무심코 반복하고 있는 것이죠.

옷장도 마찬가지입니다. 좋아하는 옷 서너 벌만 걸어둔 사람과, "매일 같은 옷을 입으면 남들 시선이 신경 쓰여서요" "오래됐지만 아직 입을 수 있으니까요" 이런 이유로 많은 옷을 계속 보관하는 사람을 비교해보면 세탁 비용에서도 큰 차이가 납니다. 계절에 따라 옷을 정리해야 하지요? 옷이 많을수록 이 옷 저 옷 입게 되다 보니 한두 번밖에 입지 않은 옷도 세탁소에 맡겨야 합니다. 그만큼 비용이 늘어날 수밖에 없지요. 집에서 직접 세탁하면 된다고 생각하실 수도 있습니다. 물론 세탁소보다는 비용이 적게 들겠지만, 시간과 노동력이라는 자원을 써야 하니 절대 공짜는 아닙니다.

노력 도둑과 작별하려면 가장 먼저 필요한 것은 '알아차림'입니다. 저의 경험을 예로 들어볼게요. 저는 늘 차 키를 아무 데나 두곤 했어요. 식탁 위, 가방 안, 때론 주방 위, 옷 주머니에 넣기도 하고요. 외출하려고 나설 때마다 "열쇠 어디 갔지?" 하며 몇 분씩 허비하는 일이 반복됐죠. 그러다 작은 자석 걸이를 현관문에 하나 달고, 집에 들어오자마자 차 키를 거는 습관을 들이자 그 뒤로는 차 키를 찾느라 허둥대는 일이 한 번도 없었습니다. 별것 아닌 것 같지만, 하루 3분씩만 아껴도 한 달이면 1시간 넘는 시간이 생깁니다.

이처럼 '번거로움'은 시간이나 공간처럼 쉽게 눈에 보이는 손실이 아니기 때문에 더 알아채기 어렵습니다. 습관처럼 반복되다 보면 '이 일이 나에게 얼마나 노력을 요구하고 있는가'를 자각하지 못하게 되죠. 하지만 매일의 생활 속에는 그런 힌트가 분명 숨어 있습니다. 예를 들어 무언가를 하려고 할 때 '귀찮다…'라는 생각이 스친다면, 바로 그 감정이 '노력 도둑'을 발견할 실마리가 됩니다.

또 하나의 좋은 방법은, 오랜만에 방문한 친구나 가족의 말을 귀담아듣는 것입니다. "이 냄비는 너무 무거워서 쓰기 불편하지 않아?" "여기서 머리 자주 부딪히겠는데?"처럼 외부인의 눈에는 확연한 불편이지만, 정작 본인은 너무 익숙해져서 인식조차 못 하고 있을 수 있거든요. 때로는 그 한마디가 당신이 무심코 감내해온 번거로움을 자각하게 해줍니다.

부자들이
공간을 대하는 태도

　부자들은 물건을 들이기 전에 꼭 필요한지 아닌지를 꼼꼼히 따지는 습관이 있습니다. 좁은 땅에 주택이 도심에 밀집해 있고, 거주 공간도 넉넉하지 않은 환경에서는 더 그렇습니다. 제 고객 예만 보더라도 재정적으로 여유 있는 분들이 물건을 들일 때 공간 비용을 더 진지하게 고려합니다. 공간 비용에는 단순히 면적뿐 아니라 물건을 관리하는 데 드는 인건비도 포함되니까요.

　이 말을 뒤집어 보면, 돈을 모으기 위해서는 '비용 대비 효율'을 항상 생각해야 한다는 뜻이 됩니다. 예를 들어 서랍장 하나를 놓기 위한 공간 비용, 그 안의 물건을 정리하고 관리하는 데 드는 시간과 에너지 비용은 얼마나 될까요? 만약 이런 서랍장이 2개, 3개, 4개로 늘어난다면? 그만큼 인테리어가 복잡해지고, 불필요한 소비로 이어질 가능성도 커집니다.

물건을 잘 들이지 않는다는 건 결국 시간과 노동력, 돈을 어디에 쓸 것인지 철저히 선택한다는 의미입니다. 물건 하나를 들일 때조차 '이게 내 삶을 더 좋게 만들까?'를 고민하는 것이지요. 반면 싸고 좋아 보여서 덜컥 사들인 물건은 대개 자리를 차지할 뿐 아니라, 내 에너지를 조금씩 갉아먹기까지 합니다.

공간을 쾌적하게 만드는 사람은 '빼기'를 잘합니다. 물건을 쌓아두지 않고, 필요 없다고 판단되면 미련 없이 처분합니다. 바로 그 점이 공간과 재정, 모두를 여유롭게 만드는 핵심입니다. 물건을 사는 일이 곧 공간을 사고, 시간을 사고, 관리라는 책임을 떠안는 일이라는 걸 기억하세요. 이 감각이 몸에 익을수록 지혜로운 소비가 이루어질 겁니다.

물건이 아닌
돈을 쌓으려면

저는 항상 의뢰인에게 이렇게 말합니다. 정리란, 자신에게 진짜 소중한 것을 발견하는 최고의 훈련이라고요. 이 말은 저축과도 깊은 관련이 있습니다. '무슨 뜻이지?' 하고 고개를 갸우뚱할 분들도 있겠지요.

정리는 쓰는 물건과 쓰지 않는 물건, 좋아하는 물건과 그다지 좋아하지 않는 물건을 구분해내는 행위입니다. 집 안이 물건으로 넘쳐나는데도 의뢰인들이 하는 한결같은 말이 있습니다.

"정말 싸게 산 거예요."

"이것저것 혜택이 많았어요."

'싸고 혜택이 많다'라는 말, 누구에게나 매력적으로 들리죠. 저 역시 마찬가지입니다. 하지만 싼 가격과 다양한 혜택이 반드시 삶의 풍요로움으로 이어지지는 않습니다. 그렇게 산 물건들이 집 안에 계속 쌓이면 어떻게 될까요?

앞서도 강조했듯 현대인에게 가장 큰 소비 항목은 바로 '공간'입니다. 3평짜리 방이 단지 물건을 쌓아두는 창고로만 쓰인다면? 무려 5700만 월의 손해라는 사실, 꼭 유념해 주세요.

정리는
이벤트가 아니다

언제 '정리해야지!' 하는 마음이 드시나요? 아마도 시간적 여유가 있고 컨디션까지 좋을 때 의욕이 샘솟을 겁니다. 그럴 때면 마치 이벤트를 치르듯 들뜬 기분으로 정리를 시작하게 됩니다.

물론 이런 방식의 정리도 나쁘지는 않습니다. 하지만 순간의 기세에 올라타 정리에 몰두하다 보면 평소보다 과감하게 물건을 버리게 됩니다. 하지만 시간이 지나 냉정을 되찾았을 때 감정에 휩쓸려 정리했던 물건이 생각나며 '괜히 버렸네!' 하는 후회가 밀려올 수 있습니다. 이런 경험이 반복되면 물건을 버리는 게 더 어려워지기도 합니다.

정리는 이벤트가 아니라, 삶 속에서 계속 이어져야 할 생활의 한 부분입니다. 그래서 매일 조금씩이라도 꾸준히 실천할 수 있는 정리 방식을 익히는 것이 중요합니다. 조금씩 정리해도 괜찮습니다! 아담한 원룸이든 대형 평수 아파트든, 작게 시작해보세요. 하루 만에 전부 끝내겠다고 무리할 필요는 없습니다. 내가 가진 물건을 매일 하나씩 들여다보며 이것이 내게 정말 필요한 물건인지 아닌지를 판단하는 일이 중요합니다.

저는 무조건 버리라고 권하지는 않습니다. 공간에 여유가 있다면 좋아하는 물건을 원하는 만큼 갖고 있어도 좋다는 주의랍니다. 다만 '정말 좋아하는 물건'에 한해서입니다. 옷, 신발, 잡화, 가전제품, 여분의 생활용품 등 중요하다고 생각되는 물건들을 잘 살펴 보면, 곁에 두고 싶은 물건이 실은 그렇게 많지 않다는 사실을 깨닫게 됩니다.

이런 과정을 거치다 보면 '인플루언서가 추천했으니까' 'SNS에서 자주 봤으니까'라는 이유로 유행을 좇아 산 물건이 많았다는 사실도 자연스럽게 알게 되지요. 누군가를 따라서 무작정 산 물건이 내 집의 환경과 조화를 이룰까요? 또 많은 물건을 사는 일이 우리 내면을 충족해줄까요?

돌이켜보면 저 또한 그런 시기가 있었습니다. 뒤에서 자세히 다루겠지만, 인터넷 쇼핑의 재미에 빠져 사이즈나 소재가 맞지 않는 옷을 충동적으로 구매한 적이 많았어요. 공간도 낭비하고, 돈도 낭비했답니다. 물건이라는 건 정말 아차 하는 순간에 금세 불어나버린다는 걸 그때 깨달았죠. 정리 전문가가 되고 나서는 의식적으로 물건을 줄이고 나에게 정말 필요한지 끊임없이 생각하고 고민한 끝에 신중하게 구매하며 하루하루를 살아가고 있습니다.

모든 것을 과도하게 절제할 필요는 없지만 정말 소중한 물건만 곁에 두고 그것들을 정성스럽게 관리하는 방식으로 삶의 태도를 조금씩 바꿔보세요. 공간이 말끔해지면 집안일이 줄고, 물건을 사야 할 필요도 자연스럽게 줄어듭니다.

적게 가져도 충분히 만족스러운 삶은 결국, '무엇을 가지느냐'보다 '어떻게 살아가느냐'에 달려 있습니다.

부자들은 시간을
돈보다 귀중하게 대한다

집안일에 들이는 시간에도 민감해질 필요가 있습니다. 부자들의 공통된 특징 중 하나는 바로 '시간 효율'을 굉장히 중요하게 여긴다는 점입니다.

워런 버핏은 매일 아침 비슷한 메뉴의 맥도날드 햄버거로 식사하는 습관이 있다고 합니다. 단순한 루틴으로 불필요한 결정에 시간을 쓰지 않기 위한 전략이라고 하지요. 또 아마존 창업자 제프 베이조스는 한 인터뷰에서 하루 중 가장 집중력이 높은 오전 시간을 '최고 결정'을 내리는 데만 쓰고, 그 외의 사소한 선택이나 집안일은 철저히 타인에게 맡긴다고 합니다. 시간을 돈보다 더 귀한 자산으로 여기는 것이지요.

집안일을 열심히, 공들여서 하면서 '내가 하면 공짜'라고 여길 때가 많지 않나요? 그런데 내가 직접 하는 가사 노동을 누군가에게 맡기고 급여를 지급한다고 가정해보세요. 예를 들어, 하루에 5시간씩 맡기고 한 달에 100만 원을 준다고 하면, 한 달 총 근무시간은 5시간 × 30일 = 150시간이 됩니다. 100만 원을 150시간으로 나누면, 시급은 약 6600원이 되지요. 만약 이 금액이 내 월급이라면, 과연 그 노동에 어울리는 대우라고 느껴질까요?

시급을 높이는 방법은 의외로 간단합니다. 가사에 쓰는 시간을 줄이면 됩니다. 하루 3시간만 일하면서도 100만 원을 받는다면 시급은 약 1만 1100원으로 올라갑니다.

돈이 모이지 않는 집일수록 가사 노동의 시급이 터무니없이 낮은 경우가 많습니다. 예를 들어 매일같이 오는 택배 상자를 정리하거나, 바닥 위에 늘어놓은 물건들을 치워야 하거나, 소파 위에 산더미처럼 쌓인 빨래를 개는 등 물건이 많을수록 집안일도 늘어납니다.

이런 일에 소모하는 시간을 줄일 수 있다면 집안일이 줄어들고 결과적으로 돈까지 절약되는 순환 시스템이 만들어지는 것이지요.

정리에 들이는 시간도
비용이다

　가사 노동의 시급이 지나치게 낮다고 느껴진다면, '청소는 20분 안에 끝내기' '하루가 꼬박 걸리는 대청소는 큰맘 먹고 청소 업체에 맡기기'처럼 구체적인 시간 계획과 결단이 필요합니다.

　저도 한 번은 거실 정리를 미루고 미루다가 결국 아이 돌잔치를 앞두고 청소 업체를 부른 적이 있었는데, 단 몇 시간 만에 바닥이 반짝이고 창틀 먼지까지 싹 사라졌을 때의 해방감을 아직도 기억합니다. 스스로 해결했으면 이틀은 족히 걸릴 일이었지요. 그 시간 동안 저는 손님 맞을 식단을 준비하고 가족과의 시간을 더 토내는 데 집중할 수 있었습니다. 청소에 썼을 시간을 '삶의 질'로 바꾼 셈이었습니다.

　청소 업체에 맡긴다고 해서 항상 낭비인 것은 아닙니다. 오히려 내가 짊어질 부담이 줄고, 전문가의 손길로 집이 말끔히 정리되는 등 다양한 혜택이 따라옵니다.

집안일이라고 해서 무조건 '내가 해야지'라는 압박감을 느끼지 말고, 너무 긴 시간이 소요될 것 같다면 가끔 (청소 도우미 어플 등을 활용해) 업체의 도움을 받아보세요. 나의 체력과 시간을 아끼는 건 단순한 소비가 아니라 투자입니다.

부잣집에는
손님용 이불이 없다

정리 상담을 하다 보면 자주 듣는 질문 중 하나가 바로 '손님 대비용 물건'을 어떻게 해야 하냐는 것입니다. 예전에는 명절이나 행사 때를 대비해 이불은 물론 손님용 수저 세트, 접시, 찻잔 세트까지 따로 보관해두는 집이 많았지요. 하지만 요즘은 생활 양식이 많이 바뀌었습니다. 가족이나 친지가 찾아와도 대부분은 하룻밤 묵고 가기보다는 함께 식사만 하고 돌아가거나, 숙소를 따로 잡는 경우가 많기 때문입니다.

"명절마다 아이들이 와요" "지인들이 자주 놀러 와요"라고 말씀하시는 분들도 있지만, 그렇다 하더라도 굳이 집 안 수납 공간을 희생하며 손님용 이불과 식기를 따로 보관할 필요는 없습니다. 실제로 사용하는 횟수를 생각해보면 그 자리에 지금 매일 쓰는 물건들을 더 편하게 배치하는 편이 훨씬 이득입니다.

부자들은 이런 판단을 잘합니다. 물건을 소유하는 것보다 공간을 확보하는 것이 더 큰 가치를 지닌다는 사실을 알고 있기 때문입니다.

이불이나 옷 같은 침구류, 의류를 골라내고 정리하는 방법은 뒤에서 자세히 다룰 예정입니다.

2장

돈이 모이는 습관

나에게 꼭 필요한 것과
필요하지 않은 것을 구분하는 일이
돈이 모이는 습관의 시작입니다.

나만의 질서에서
가족의 질서로

지금은 정리 컨설턴트로 활동하고 있지만, 사실 저도 처음부터 정리를 잘하는 사람은 아니었습니다. 깔끔함과는 거리가 멀던 시절도 있었지요. 이번 장에서는 제가 정리수납전문가 자격증을 따게 된 과정에 대해 이야기해보려고 합니다. 예전보다 제 주변 환경이 쾌적해졌을 뿐 아니라 함께 사는 가족과도 더 편안한 관계를 유지할 수 있게 된 비결도 함께 말해보겠습니다.

어릴 적부터 학창 시절까지 저는 '남에게 보여주기식 정리'를 좋아했습니다. 학교에서는 물건을 잘 정리하는 사람처럼 행동했지만, 가방 안에는 프린트물이 뒤죽박죽 들어 있었죠. "정리를 못 하면 시집 못 간다" "여자답지 않다"라는 말이 자연스럽게 오가던 시대였기에 책상 위나 사물함처럼 남의 눈에 보이는 공간만큼은 항상 정돈해두었습니다.

결혼 후에도 이 습관은 이어졌습니다. 아이가 태어나고 아이 엄마들끼리 친해지면서 집에 손님을 초대하는 일이 많아졌는데, 정리가 안 된 집에 누군가를 부르는 게 늘 꺼려졌지요. 그래서 주방, 세면대, 개수대 주변은 보기 좋게 정리했지만 자잘한 물건은 잘 쓰지 않는 방에 몰아넣곤 했습니다.

그러다보니 찾는 물건이 자꾸 없어지고 그걸 찾느라 시간을 낭비하는 일이 반복됐고 불편함이 쌓이기 시작했어요. 그때부터 '정말 자주 쓰는 물건들만이라도 제대로 정리해보자'라는 마음이 들었고, 사용 빈도가 높은 물건들을 분류하고, 라벨을 붙여가며 세세하게 정리하기 시작했습니다. 하지만 남편과 딸은 제 기준에 맞춰주지 않았고, 금세 다시 집 안을 어지럽히곤 했지요. 짜증이 났습니다. 그런데 어느 순간 깨달았습니다. 이 집은 가족 모두가 함께 사는 공간인데 저 혼자만 편한 집으로 만들려고 했다는 걸요.

그래서 정리정돈에 대해 본격적으로 공부하기 시작했고, 그 과정에서 '정리가 어려운 사람의 눈높이에 맞춘 시스템 만들기'라는 개념을 배우게 되었습니다. 예를 들어, 남편에게는 서랍 안을 세세히 나누는 정리는 오히려 불편하다는 걸 알게 되었습니다. 그래서 '대충 넣어도 되는 상자'를 마련해주었더니 물건을 찾느라 헤매는 일이 줄고, 집 안에 물건을 흩어놓는 일도 현저히 줄었습니다.

지금 돌이켜 보면, 정리를 못하는 사람은 게으르다는 강박에 사로잡혀, '보기에만 예쁜 정리'를 하려고 애썼던 것 같습니다. 하지만 이제는 생각이 달라졌습니다. "모두가 자기 물건을 소중히 여기며, 편하게 정리할 수 있는 환경을 만들자."

그 단순한 깨달음 덕분어 우리 집은 지금, 가족 모두가 안락하게 머물 수 있는 진짜 '우리만의 아늑한 공간'이 되었습니다.

꼭 필요한 것과
불필요한 것을 구분하기

저희 집은 수납 공간이 넉넉하지 않아 물건이 많지 않습니다. 하지만 일부러 여러 개를 사서 곳곳에 배치한 물건도 몇 가지 있습니다.

그중 하나가 가위입니다. 현관, 복도, 세면대, 거실, 주방, 방마다 가위를 비치해두었어요. 덕분에 어디서든 택배를 개봉하거나 포장을 제거하고 바로 뒷정리까지 할 수 있습니다. 스마트폰 충전기도 마찬가지입니다. 한 곳에만 두면 늘 찾게 되니까, 방마다 준비하는 편이 훨씬 편리하지요. 또 소비기한, 제출 마감일, 사용 시작일 등을 적을 수 있도록 라벨지나 네임펜을 집 안 곳곳에 두었습니다. 이 세 가지는 '여러 개를 준비하면 오히려 생활이 편해지는' 대표적인 물건입니다.

반대로, 애초에 들이지 않기로 정한 물건도 많습니다.

예를 들어 선물이나 보상을 받을 때도 물건 대신 '체험형 상품'을 선택하면 불필요한 물건을 집에 들이지 않아도 됩니다. 선물로 고기 같은 식자재나 새 가전제품을 받으면 기분이 좋긴 하지만 한꺼번에 많이 들어오면 수납 공간이 넘치기 시작하지요. 실제로 "명절 선물로 받은 식자재를 다 둘 곳이 없어요"라며 곤란해하는 분들도 많습니다. 그래서 저는 지난해 부모님 칠순 기념으로 가전제품 대신 가족 여행을 선물했어요. 물건은 시간이 지나면 잊히지만 함께한 시간과 추억은 오래도록 남거든요.

또 특정 시기와 장소에서만 입는 옷도 되도록 사지 않습니다. 예를 들어 겨울에 대만 여행을 갔을 때 현지 날씨는 일본 한겨울보다는 덜 추웠지만 약간 쌀쌀했어요. 이 여행만을 위해 얇은 코트를 새로 살까 고민했지만 결국 집에 있던 얇은 패딩으로 충분했습니다. 친구들과의 연말 파티에서도 드레스코드에 맞추기 위해 굳이 새 옷을 사지 않고, 스카프나 액세서리로 분위기를 맞춥니다.

생활의 편리함을 위한 물건은 기꺼이 들이고 굳이 필요하지 않은 물건은 미련 없이 내려놓는 것. 그것이야말로 '정리된 삶'을 위한 소비의 기준입니다.

여유 있게 사도
괜찮은 물건: 수납함

신중하게 물건을 고르는 저지만 "이건 많아도 괜찮아!"라고 확신한 물건이 있습니다. 바로 수납함입니다. 가격 부담이 없고, 크기나 형태가 다양해 공간에 맞게 조합할 수 있어 정리 초보자에게도 안성맞춤이에요. 특히 칸막이 수납함 같은 경우는 사이즈가 일정해서 옆으로 쌓거나 일렬로 정리해 두기 좋고, 필요할 땐 하나씩 빼기만 하면 되니 수납 스트레스가 줄어듭니다. (다이소 수납함이나 이케아 VARIERA 시리즈를 추천합니다.)

저는 이 수납함을 주방 서랍 속, 세면대 아래, 그리고 책장 아래 칸에 두고 쓰고 있어요. 조미료나 건조식품, 여분의 칫솔이나 여행용품, 잊기 쉬운 물건들을 분류해 담기 좋고, 겉에 라벨지만 붙이면 내용물 찾기도 쉬워집니다. 또 중요한 건, 박스가 일정한 기준이 되기 때문에 '이만큼만 있으면 충분하다'라는 감각이 생긴다는 점이에요. 적정량을 유지할 수 있게 해주는 아주 든든한 즈력자죠.

업무 관련 서류나 문서도 수납함에 카테고리별로 담아 보관하면 깔끔할 뿐 아니라 찾기도 수월합니다. '가계부' '돈 공부'처럼 큰 범주로 라벨을 붙여 필요할 때 쉽게 꺼내 볼 수 있도록 했지요.

또 자주 쓰는 공구나 작은 생활용품도 같은 박스에 담아 내용물을 가리면서 깔끔하게 수납하고 있어요. 이때 포인트는 수납함을 허리보다 살짝 낮은 위치에 두는 것입니다. 꺼내기 쉽고, 여는 순간 내용물이 한눈에 들어와서 매우 편하거든요. 주방에서도 수납함은 제 역할을 톡톡히 해냅니다. 텀블러, 조미료, 세제처럼 가늘고 긴 물건을 담기 딱 좋고, 칸막이 덕분에 쓰러지지 않아요. 무엇보다 '이 수납함에 들어가는 만큼만'이라는 기준이 생기기 때문에 자연스럽게 적정량을 유지할 수 있습니다.

세면대, 옷장, 복도 수납장 등 다양한 장소에서 활용 가능해서 제가 아끼는 수납 아이템 중 하나입니다. 실용성과 심미성을 동시에 갖춘 정리 파트너라고 할 수 있어요.

정리 용품은
계속 사도 될까?

수납함처럼 있으면 공간이 정돈되는 실용 아이템도 있지만, 정리의 핵심은 새로운 물건을 들이는 게 아니라 지금 있는 물건을 덜어내는 데 있다는 원칙을 잊어서는 안 됩니다.

시중에는 수납과 정리에 관한 책이 넘쳐나고 생활용품점에는 다양한 정리 도구들이 진열되어 있습니다. 게다가 SNS에서는 이런 수납 용품을 감각적으로 활용하는 모습까지 쉽게 접할 수 있어 정리 책을 모으고 용품을 사는 것이 하나의 취미처럼 여겨지기도 합니다. 정리 용품을 사는 것이 '정리를 시작한 나'를 증명하는 행위처럼 느껴지기도 하지요. 하지만 정리에는 덧셈이 아니라 뺄셈의 사고가 필요합니다.

새로운 물건을 사거나 보기만 해도 뇌에서 도파민이 분비되어 일시적인 만족감과 흥분을 느끼게 되는데 이것이 반복되면서 '쇼핑=쾌락'이라는 회로가 형성되고, 저렴한 생필품이나 잡화 등을 자꾸 사게 되는 습관으로 굳어집니다. 그렇게 해서 쾌락은 남지만 방이 물건으로 가득 차고, 지갑은 가벼워지는 악순환이 반복되는 것이지요.

만약 지금 정리 책과 정리 용품에 지나치게 빠져 있다면 쇼핑의 양을 우선 3분의 1로 줄여보세요. 1주일, 1개월, 3개월, 반년씩 점차 줄여 나가면 비로소 정말 필요한 물건과 그렇지 않은 물건을 구분하는 감각이 생기고 스스로가 저렴한 물건에 중독되어 있었음을 자각하게 됩니다. 그 이후에는 불필요한 물건을 사려는 욕구도 자연스럽게 사라질 겁니다.

읽을 책은
항상 가방 속에

　　정리를 결심했어도 좀처럼 줄이기 어려운 물건 중 하나가 책입니다. 본인이 독서를 즐기지 않더라도, 가족 중에 애서가가 있거나 자녀가 있으면 그림책이나 도감을 사주면서 자연스레 책이 늘어나게 마련이죠. 당연히 돈과 공간도 함께 필요해집니다.

　　저 역시 업무상 읽어야 할 책도 많고, 취미로 읽고 싶은 책도 참 많습니다. 그래서 아예 책장을 없애기는 어려웠지만 책장을 늘리지 않기로 마음먹었습니다. 한 칸짜리 책장을 기준 삼아, 그 안에 들어가는 만큼만 보관하기로 한 것이죠. 읽고 싶은 책이 생기면 되도록 도서관이나 전자책을 먼저 이용하고 소장하고 싶을 만큼 가치 있는 책만 남기고 있습니다. 그리고 현재 읽고 있는 책은 항상 가방에 넣어 다니는 습관을 들였습니다. 이동 중 짧은 시간도 독서 시간으로 활용할 수 있고 읽지 않은 책이 집 안에 쌓이는 일을 방지할 수 있으니까요.

다 읽은 책은 미련 없이 처분합니다. 누군가 읽고 싶어 하면 선뜻 주거나 중고서점에 팔기도 합니다. 물론 다시 읽고 싶은 책도 생깁니다. 그럴 땐 전자책으로 다시 구매합니다. 같은 책을 또 산다는 게 돈 낭비처럼 느껴질 수도 있지만, 저는 '언젠가 읽을지도 모르는 책'을 계속 보관하는 공간 비용이 훨씬 더 아깝게 느껴집니다.

게다가 다시 읽을 책이라면 종이책보다 자리를 차지하지 않는 전자책이 훨씬 효율적입니다. 킨들(아마존 전자책 서비스이자 그 서비스를 이용하기 위한 기기—옮긴이) 같은 전자책 리더기나 킨들 앱을 설치한 태블릿만 있으면 수백 권의 책을 담아둘 수 있어요. 종이책보다 가격도 저렴해 비용도 절약됩니다.

'책장이 어지럽다'라는 생각이 들었다면 이 방법을 한번 참고해보세요. 책을 위한 공간이 아닌, 독서하는 나를 위한 공간을 남기는 것이 진짜 중요한 일이니까요.

물건 정리는
주변 사람을 위한 배려

여러분은 혹시 이사를 앞두거나 장기간 집을 비워야 했던 경험이 있으신가요? 또는 예상치 못한 병원 입원이나 출장을 준비하면서 집이 너무 어지럽다는 생각이 든 적은요? 조금 극단적인 예이긴 하지만 내가 갑작스럽게 세상을 떠나는 일이 생길 수도 있습니다. 이처럼 예상하지 못한 상황이 찾아오면, 결국 누군가는 집 안을 들여다보고 물건을 정리해야 하는 순간이 찾아옵니다. 혼자 사는 사람도, 가족과 함께 사는 사람도 마찬가지입니다.

이럴 때 집이 정돈되어 있다면 불필요한 걱정 없이 상황에 집중할 수 있겠죠. 반면 물건이 복잡하게 쌓여 있다면 내가 없을 때 남겨진 사람에게 큰 부담이 될 수 있습니다. 집 안 정리는 단지 '오늘의 편리함'을 위한 일이 아니라 미래의 누군가를 위한 작은 배려이기도 합니다.

　"속옷은 저기 있어요" "잠옷은 서랍장 두 번째 칸이에요"라고 서로에게 말해줄 수 있다면 참 좋겠지만 항상 그런 상황이 되는 건 아니지요. 누군가 나 대신 집을 살펴야 할 일이 생겼을 때, 정리정돈이 잘 되어 있는 집에서는 필요한 물건을 금세 찾을 수 있지만 그렇지 않다면 작은 물건 하나를 찾느라 온 집안을 뒤져야 하기도 합니다.

　정리는 단지 나를 위한 일이 아니라 도움을 주는 사람의 부담까지 덜어주는 일이기도 합니다. 결국 함께 살아가는 이들을 향한 배려인 것이지요.

　저희 집도 아직 완성형은 아닙니다. 하지만 한 가지 확실한 건, 불필요한 물건을 없애자 가족들 마음에도 왠지 여유가 생겼다는 것입니다. "○○가 안 보여~!" 하며 허둥지둥 물건을 찾던 날들보다, 지금은 집안 분위기 자체가 훨씬 부드러워졌답니다. 우리 가족 모두에게 집이 좀 더 편안한 공간이 된 것이지요.

'쓸 만한 물건'보다
'쓰고 싶은 물건'을 소중하게

　의뢰인의 집이 더 깔끔하고 편안한 생활 공간이 되도록 돕는 것이 저의 일이다 보니, 항상 저 자신에게도 같은 질문을 던집니다. "이 물건을 정말 앞으로도 쓰고 싶은가?"

　만약 '아직 쓸만한데 버리긴 아깝지 않나?'라는 생각이 든다면 그 물건은 과감히 떠나보냅니다. 이미 제 삶에서 역할을 다 마친 것으로 여기기 때문이에요. 그럴 땐 중고로 보내거나 처분합니다.

　왜냐하면 '아직 쓸만하다'라는 말에는 사실상 '내 마음은 이제 그 물건을 원하지 않는다'라는 속마음이 숨어 있기 때문입니다. 정말 좋아하고 소중한 물건이라면 그런 생각조차 떠오르지 않지요. 저는 물건을 정리할 때 그런 미묘한 마음의 흐름을 민감하게 알아차리려 노력합니다.

　의뢰인의 집에서 짐을 정리하다 보면, 종종 이런 질문

을 받습니다.

"시모무라 씨, 이거 이제 버려도 될까요?"

그럴 땐 저는 "네, 저라면 버리겠어요"라고 조심스럽게 대답합니다. 하지만 먼저 "이건 버리세요"라고 말하지는 않습니다. 타인의 판단에 따라 버리게 되면 정리 기준이 금세 무너질 수 있습니다. 앞서 언급했듯 스스로 판단하고 결정하는 과정이 중요합니다. 기준 없이 버리기만 하면 정리가 끝난 뒤에도 다시 예전처럼 물건이 쌓이기 쉬워지거든요. 그 물건과 마주하고 나에게 필요한지 아닌지를 '내 기준'으로 판단하는 경험을 쌓아보세요.

그래서 "이제 버려도 될까요?"라는 말은 저에겐 참 반가운 신호입니다. 그건 바로, 의뢰인이 스스로 필요와 불필요를 구분하는 힘을 갖기 시작했다는 뜻이니까요. 저는 그저 옆에서 살짝 등을 밀어줄 뿐입니다.

앞으로는 '앞으로도 기꺼이 쓰고 싶은 물건인가?'를 기준으로 삼아보세요. 이렇게 자기만의 방출 기준을 만들어가면, 물건과의 관계가 훨씬 건강해집니다.

너무 성실해서
생기는 문제

누구나 바라는 삶이 있습니다. 깔끔하게 정돈된 집에서 살며 경제적인 여유까지 갖춘 삶. 그러나 문득 주변을 둘러보면 어질러진 거실, 개인 소지품으로 넘쳐나는 가족의 방, 언제 샀는지도 모를 청소용품이 쌓인 욕실 선반 등…. 현실과 이상 사이의 거리에서 한숨이 나오는 순간이 있지요.

저축도 마찬가지입니다. '올해는 꼭 1000만 원 저축하자'라며 다짐했지만, 몇 년째 제자리걸음이거나 달성하지 못한 채 시간만 흘러버린 경험, 다들 있으시죠? 정리와 저축, 둘 다 공통된 비결이 있습니다. 바로 처음부터 완벽을 목표로 하지 않는 것입니다.

물론 "저축해야지" "정리해야지" 하는 마음가짐은 아주 중요합니다. 하지만 그 마음이 지나치게 앞서서 '이렇게 해야만 해'라는 고정관념으로 굳어지면 완벽하게 해내지 못하는 자신에게 실망하고 점점 의욕이 꺾이게 됩니다.

사실 정리와 저축이 서툰 사람들은 의외로 너무 성실해서 문제인 경우가 많습니다. 머릿속에 그린 가장 이상적인 라이프스타일과 재정 계획만을 좇다 보면 현실과의 간극이 오히려 스트레스를 불러오죠.

그럴 땐 시야를 조금 넓혀, 전체적인 상황을 객관적으로 바라본 후 '나에게 맞는 방식'을 찾아보는 것이 훨씬 현실적이고 지속 가능합니다.

3장

돈이 쌓이는 지갑,
새는 지갑

되는대로 쓰는 게 아니라 예산을 계획하고 소비하는 습관은 의지만으로 부족합니다. 시스템이 필요합니다.

부자의
지갑처럼

　'부자의 지갑'이라고 하면 어떤 이미지가 떠오르시나
요? 고급스러운 명품 지갑일까요? 어떤 브랜드든 외관은 깔
끔하고 내부는 단정하게 정돈된 모습이 그려질 겁니다.

　실제로 제가 상담했던 40대 후반 여성 의뢰인 한 분은,
돈을 모으고 싶은데 자꾸 어디론가 새는 것 같다며 도움을
요청하셨습니다. 그분의 지갑 안에는 각종 멤버십 카드, 사
용하지 않는 백화점 카드, 유효기간이 지난 할인권들로 가
득했죠. '지갑 정돈'이 정리의 첫걸음으로 보였습니다.

　저는 자주 가는 마트와 주유소 카드를 1~2장으로 줄이
고, 백화점 포인트는 앱으로 통합하는 방법을 조언했어요.
이후 그 고객은 불필요한 지출도 줄고 정리된 지갑을 볼 때
마다 '돈의 흐름을 내가 통제하고 있다'라는 자신감도 생겼
다고 말했죠.

　부자의 지갑 안은 의외로 단출합니다. 필요한 것을 쉽게 꺼낼 수 있게 정리되어 있지요. 포인트 카드, 사은품을 받으려고 만든 신용카드, 유효기간이 지난 쿠폰, 바스라진 영수증, 넘칠 듯한 동전까지…. 이런 것들로 빵빵하게 부푼 지갑과는 거리가 멉니다.

　우선, 부자의 지갑 흉내부터 내보는 겁니다. 명품 지갑을 사라는 이야기가 아닙니다. 지갑 속에도 '여유'가 필요하다는 뜻입니다. 옷장과 마찬가지로 지갑 안에도 돈이 편히 쉴 수 있는 공간을 만들어줘야 합니다. 마치 비행기의 퍼스트 클래스나 비즈니스 클래스처럼요.

　비행기 퍼스트 클래스처럼 정돈된 지갑을 상상해 보세요. 그런 지갑에는 영수증이나 포인트 카드를 아무렇게나 쑤셔 넣고 싶지 않겠지요?

'부자의 지갑' 을 위한 실천 체크리스트

BEFORE		AFTER
신용카드가 5장 이상	→	**주사용 카드 1~2장**
포인트 카드 수북함	→	**앱 통합 또는 과감히 폐기**
많은 영수증이 구겨진 채 보관됨	→	**금액 확인 후 바로 폐기 또는 디지털화**
유효기간 지난 쿠폰, 상품권 방치	→	**사용 기한 정하고, 안 쓰면 정리**
동전 주머니에 무거운 거스름돈들	→	**필요 최소한만 보관, 나머지는 저금통으로 이동**
신분증, 각종 카드 뒤섞여 보관	→	**중요도·용도별로 구획 분리** (카드지갑, 명함지갑 따로)

돈이 쉬는 공간 만들기, 이렇게 시작해보세요.

- 자주 쓰는 카드만 남기고 나머지는 뺀다.

- 지갑에 있는 영수증, 쿠폰, 포인트카드부터 꺼내본다.

- '사용 예정 없음'에 해당되면 과감히 버린다.

- 종이 쿠폰·카드는 가능하면 앱으로 옮긴다.

- 카드사 앱에 '소비 리포트' 기능이 있다면 알림 설정을 해 둔다.

나에게 맞는
틀을 세우는 일

제가 만났던 의뢰인 중에 인상 깊은 분이 있었습니다. 방 세 칸이 있는 집에 혼자 살고 계셨는데, 패션을 좋아하셔서 그중 두 개 방은 옷방으로, 침실 벽면은 구두 수납장으로 활용하고 계셨어요. 수집한 옷과 신발을 매우 소중하게 여겨서 단 하나도 버릴 수 없다고 하셨죠.

하지만 전혀 문제가 되지 않았습니다. 두 개의 방과 침실 벽면이라는 보관 장소를 명확히 정해 놓고, 그 범위 안에서 물건을 유지하고 있었기 때문입니다. 이불이나 주방용품 같은 생활용품은 최소한으로만 갖춰서 전체적인 분배가 균형 잡혀 있었습니다.

이렇게 스스로 생활 방식과 공간의 한계를 정확하게 인식하고 조율하는 경우는 흔치 않습니다. 이 고객처럼 여러분도 자신에게 질문을 던져보세요. 예를 들어 "옷장에

100벌이나 있는데, 이 중에 입지 않는 옷은 없을까?" "생활비에서 이 항목은 꼭 필요한 지출일까?"처럼요.

요즘은 수입과 지출을 관리할 수 있는 다양한 앱들이 있어서, 생활비 관리를 좀 더 쉽게 도와줍니다. 특히 예산이나 저축 관리가 부담스럽게 느껴진다면, 꼭 가계부를 써야 한다는 부담을 가질 필요는 없습니다.

가계부는 잘만 활용하면 분명 도움이 되지만, '작성하는 데서 오는 뿌듯함'만 얻고 실질적인 돈 관리는 이루어지지 않는 경우도 많습니다. 특히 영수증을 스캔해서 입력하는 앱은 금세 귀찮아져서 영수증만 가득 쌓일 수 있습니다.

복잡한 기능이 있는 앱보다는 휘리릭 숫자만 입력하면 끝나는 간단한 앱을 추천합니다. 꾸준히 쓰기 좋고 실용적이니까요. (국내에도 유용하고 실용적인 생활비 앱이 많다. 대표적으로 뱅크샐러드, 토스, 브로콜리 등이 있다. 이 앱들을 활용하면 소비 패턴을 자동으로 분석해주거나 지출 비용을 쉽게 기록할 수 있다-옮긴이)

'가성비'에
현혹되지 않으려면

이번에는 돈 정리 방법에 대해 살펴볼까요? 우선 '절약'이라는 개념부터 다시 정의해보고자 합니다. 절약이란 정해진 예산 내에서 진정으로 필요한 것만을 신중히 선택해 구매하는 행위를 말합니다.

정리에 어려움을 느끼는 분들 중에는 싸게 사는 것과 절약을 혼동하는 경우가 많습니다. 요즘에는 소위 '가성비'가 좋아 보이게 포장된 특가 행사나 할인 이벤트가 자주 눈에 띕니다. 그러나 싸게 사는 것과 절약은 결코 같은 의미가 아닙니다.

아무리 저렴하더라도 필요하지 않은 물건이라면 그건 낭비에 불과합니다. "항상 특가 상품이나 덤이 붙은 물건만 골라 사는데도 생활비가 왜 이렇게 빠듯할까요?" 이런 고민을 하고 있다면, 절약하려는 의도와 달리 불필요한 소비를

하고 있거나, 예산을 초과한 지출을 한 건 아닌지 점검해볼
필요가 있습니다.

현명하게
온라인으로 장보기

제가 이 책을 통해 가장 강조하고 싶은 메시지는 이것입니다. "집안일을 편하게 하면 할수록 돈이 쌓인다!"

그 대표적인 실천 방법으로 저는 '온라인 장보기'를 추천합니다. 물론 배송비가 들고 신선 식품은 직접 눈으로 보고 고를 수 없다는 점이 걸리기도 하지요. 하지만 온라인 장보기에는 분명한 장점이 있습니다. 왕복 이동 시간과 무거운 장바구니를 옮기는 수고가 줄어드는 것은 물론, 집에서 냉장고 속을 직접 확인하며 필요한 것만 주문할 수 있어 중복 구매나 빠뜨림을 방지할 수 있습니다.

장바구니에 담긴 금액을 실시간으로 확인하면서 예산 내에서 조절할 수 있다는 점도 큰 장점입니다. 무엇보다 마트 진열대에서 무심코 뭔가를 더 집어들게 되는, 계획에 없던 소비를 막을 수 있어요.

"그래도 100원이라도 싼 물건을 찾아 발품을 팔며 여러 마트를 도는 게 진짜 절약 아닌가요?" 이런 질문이 들려오는 듯합니다. 하지만 한번 생각해보세요. 지금까지 그렇게 해왔는데도 계획대로 절약이 잘 안 되었다면, 같은 방식을 고수해서는 결과가 달라지지 않을 겁니다.

주거 환경과 경제 상황이 지금보다 좋아지기를 바란다면 스스로 새로운 방식과 습관을 받아들일 용기를 내야 합니다. 그 시작은 '하지만' '그래도'라는 말들을 잠시 내려놓는 일입니다.

사흘, 열흘, 한 달…. 짧은 기간이라도 좋습니다. 지금과는 다른 방식으로 쇼핑하고 절약해보세요. 정기적으로 사던 과자나 영양제가 정말 필요한지 다시 점검하고, 마트 문자 알림을 차단해보세요. 그것만으로도 불필요한 정보가 줄고, 지출도 줄어듭니다.

이렇게 자신의 소비 습관과 소유욕을 점검하고 조절하는 태도가 몸에 익으면 자연스럽게 필요한 물건과 필요하지 않은 물건을 구별할 수 있는 눈이 생깁니다.

카드를
목적에 맞게 나누기

현금 대신 신용카드나 스마트 페이가 주요 결제 수단이 된 지금, 가계 관리를 위해 추천하고 싶은 방법은 '카드 분리'입니다. 생활비와 용돈, 또는 생활비와 사업비 등 지출 목적에 따라 카드를 나눠 사용하는 것만으로도 예산관리가 훨씬 쉬워집니다.

예를 들어, 생활비는 체크카드, 문화·여가비는 카카오페이 또는 삼성페이, 업무 관련 지출은 법인카드 또는 별도 신용카드로 분리하는 방식이죠. 저 역시 생활비용과 사업비용으로 두 장의 카드를 나눠 사용하고 있으며, 이력만 보면 매달 어디에 얼마나 썼는지 손쉽게 확인할 수 있습니다. 특히 카드사 앱에서 제공하는 카테고리별 자동 분류 기능이나 월별 소비 리포트를 함께 활용하면 분석도 간편하지요.

가계 관리에서 가장 중요한 것은 '휴지를 얼마에 샀는

지'처럼 세세한 항목이 아니라 생활비, 교통비, 교육비, 문화·외식비 등 항목별로 얼마를 썼는지 파악하고 항목별 예산을 설정한 후 그 안에서 소비를 조절하는 것입니다. 예를 들어 한 달 예산이 100만 원이라면,

- 생활비 60만 원
- 외식비 15만 원
- 문화·레저비 10만 원
- 경조사·기타비용 15만 원

처럼 나누어 쓸 수 있겠지요. 꼭 만 원 단위로 칼같이 맞출 필요는 없습니다. 총 예산 안에서 유연하게 조절하는 것이 핵심입니다. 너무 꼼꼼하게 관리하려 들면 오히려 피로도가 높아져 가계부 작성을 중도에 포기하게 됩니다.

가계부를 쓰더라도 오래된 소비 내역을 하나하나 거슬러 기록하기보다는, 최근 1~2주의 지출 내역부터 간단하게 적기 시작하는 것이 요령입니다. 스마트폰 메모장, 가계부 앱, 종이 가계부 등 자신에게 가장 편한 도구를 택하는 것이 지속 가능성을 높이는 길입니다.

카드 정리로
월 20만 원 절약하기

쇼핑 금액에 따라 적립되는 포인트 카드는 흔히 절약의 상징처럼 보입니다. 하지만 너무 많은 포인트 카드를 만들거나, 포인트 적립 자체에 집착하게 되면 오히려 지출을 부추길 뿐 아니라, 예산관리가 어려워질 수 있습니다.

"오늘만 포인트 5배 적립!" "지금 안 사면 손해!" 같은 광고 문구에 혹해 특정 요일에 맞춰 소비를 몰아서 하는 분들도 있을 겁니다. 저도 과거에 예쁜 카드 지갑을 따로 사서 포인트 카드를 분류해본 적이 있습니다. 하지만 혜택을 챙기겠다고 시작한 행동이 결과적으로는 오히려 지출을 더 늘리는 꼴이 되고 말았지요.

물론 포인트로 소소한 할인 혜택을 받거나, 모아둔 포인트로 사은품을 받기도 합니다. 하지만 그렇게 해서 쌓인 10만 원어치 포인트만큼 저축도 늘었을까요? 포인트는 혜택일 뿐 절약은 아닙니다. 오히려 그런 혜택을 과감히 무시할 수 있는 태도가 진짜 절약의 출발점일 수 있습니다.

그래서 저는 실제 생활에서 자주 가는 마트 한 곳만 포인트 카드를 남기고 나머지는 모두 정리했습니다. 집 근처에 있는 A마트는 주 2회 이상 들르지만 B마트는 가끔 특정 생필품만 살 때 방문하는 정도라 굳이 카드를 만들지 않았지요. 혜택이 조금 아쉽더라도 지갑이 가벼워졌고 소비 유혹도 줄어들었습니다.

이렇게 실천한 덕분에 한 달 평균 약 20만 원 정도의 불필요한 지출을 줄일 수 있었고, 예산 안에서 훨씬 안정적인 소비가 가능해졌습니다.

포인트는 모으는 것보다 통제하는 것이 절약의 기술입니다. 정말 자주 이용하는 매장의 카드만 남기고 나머지는 깔끔하게 정리해보세요. 혜택에 휘둘리지 않고 내가 소비를 주도하는 경험, 그게 바로 '돈이 쌓이는 습관'입니다.

저축 먼저,
신용카드는 1장만

돈을 모으는 가장 확실한 비법은 단 두 가지입니다. 바로 '저축 먼저 하기'와 '한 달 예산 정하기'입니다. 이 중에서도 핵심은 '저축 먼저 하기'입니다.

월급이 들어오면 가장 먼저 저축 금액부터 떼어두고, 남은 금액 안에서만 소비하는 방식은 수십 년 전부터 이어져 온 생활의 지혜입니다. 조부모님 세대는 월급봉투를 받으면 곧장 적금 통장을 챙겼고, 부모님 세대는 자동이체 통장을 만들어 '건드리지 않는 돈'을 따로 관리했습니다. 이 방식은 실수령액이 200만 원이든 500만 원이든 동일하게 적용됩니다. 많이 번다고 다 쓰고 남는 돈을 저축하겠다는 생각으로는 절대 돈이 쌓이지 않습니다.

실제로 제 주변에도, 20년 가까이 매달 30만 원씩 자동이체로 적금을 부었던 50대 직장인이 계셨는데, 그 적금 통장이 은퇴를 앞두고는 거의 (세전)1억에 가까운 노후 자금이 되어 있었습니다. 그분은 "모을 때는 적은 돈인 줄 알았는데, 모아놓고 보니 든든하다"라고 말했습니다.

요즘처럼 카드 사용이 일상화된 시대에도, 저축은 '남은 돈으로 하는 것'이 아니라 '먼저 떼어두는 것'입니다. 주택청약종합저축, 자동이체 정기적금 등 본인 상황에 맞는 저축 수단을 미리 설정해두고, 월급일에 자동이체로 빠져나가게 만드는 것이 바로 '시스템'입니다.

실천 방법은 간단합니다. "매월 ○○만 원은 무조건 저축!" "남은 금액 안에서만 소비!" 단 20만 원이라도 저축을 먼저 하면 1년 후에는 240만 원이라는 확실한 결과가 생깁니다(거기에 이자는 덤이지요). 돈은 의지보다 시스템으로 모으는 것입니다.

소비 통제에 가장 유의해야 할 결제 수단은 신용카드입니다. 신용카드를 잘만 활용하면 언제 어디서 얼마를 썼는지 한눈에 파악할 수 있고 할인 혜택도 받을 수 있으며, 지출 흐름도 정리되지만 중요한 원칙이 있습니다. 바로 '신용카드는 딱 1장만 사용!'입니다.

신용카드를 여러 장 만들면 결제일과 혜택, 한도가 제각각이라 소비를 통제하기 어렵고, 자칫하면 소액 부정결제나 과소비도 놓치기 쉽습니다. 또한 신용카드 발급 과정에서 제공한 개인정보로 인해 끊임없는 광고와 혜택 정보가 유입되어 소비 욕구를 자극하기도 합니다.

소비를 막으려면, 정보 유입 자체를 차단하는 것이 먼저입니다. 저는 실제로 이렇게 사용하고 있습니다.

- 주거래 카드 1장만 사용
- 비상용 카드 1장은 집에 보관
- 업무용 카드 1장은 회사 비용 전용

항상 쓰는 건 오직 하나. 그 카드 하나로 마일리지도 쌓고, 지출도 효율적으로 관리합니다.

복잡하게 나누는 대신 단순함을 선택하세요. 지출도, 카드 혜택도 심플할수록 낭비 없는 소비가 가능합니다. 돈이 모이는 시스템이란 복잡함을 걷어내고 단순함을 유지하는 것에서 시작됩니다.

절약은
고행이 아니다

절약, 가계 관리, 저축은 '고행(苦行)'이 아닙니다. 가계부를 매일 작성하고 영수증을 일일이 모으는 사람은 분명 성실하고 꼼꼼한 성향을 가진 이들입니다. 하지만 돈이 잘 모이지 않는다거나 생각처럼 절약이 되지 않는다고 토로하는 사람들 가운데는 이렇게 너무 성실해서 본래 목적을 잊은 경우가 의외로 많습니다.

절약이란 수입에서 저축과 사용할 돈(예산)을 미리 나누고, 그 예산 내에서 소비함으로써 수중의 돈을 조금씩 늘려가는 일입니다. 중요한 건 이를 달성하기 위한 자신만의 간편한 시스템을 구축하는 일입니다. 복잡한 장부나 꼼꼼한 기록보다도 예산 내에서 쓰고 한도를 넘지 않는 것이 핵심입니다.

가계 관리든 정리정돈이든 완벽함을 목표로 할 필요는

없습니다. 될 수 있으면 편하게, 스스로 정한 범위를 넘지 않도록 마음먹고 실천하면 됩니다. 부담 없이 내 삶에 자연스럽게 녹아들 수 있는 방식을 찾아보세요.

물욕에
냉정해지려면

　　홈쇼핑, 잡지, SNS를 들여다보면 눈길을 끄는 신상품과 세련된 옷 광고가 쉴 새 없이 등장합니다. 특히 이미지와 영상을 중심으로 콘텐츠가 구성된 SNS 속 상품 소개에 눈을 떼기 어려울 때가 많습니다. 틈날 때 무심코 들여다보면 "이 수납 용품 정말 편리해 보이네" "앞으로 자주 입기 딱 좋겠는걸?" 하고 마음이 흔들리는 물건들이 줄줄이 시선을 사로잡습니다.

　　쇼핑라이브나 인플루언서의 공동구매 링크가 퍼질 때면, '나만 안 샀나?' 하는 FOMO(Fear Of Missing Out, 소외 불안) 심리까지 자극되며, 자기도 모르게 결제 버튼을 누르게 됩니다. 이런 소비는 '축제에 참여한다'는 착각을 일으킵니다. 결국 할인을 핑계 삼아 평소라면 사지 않았을 물건까지 사게 되는 상황으로 이어지죠. 타인의 소비가 나의 소비를 정당화해주는 시대, 그래서 더더욱 자신의 기준과 예산 안에서 통제하는 힘이 중요해졌습니다.

게다가 이제는 구매 이력을 AI가 분석하는 시대. 내가 관심을 가질 만한 신상품 정브가 SNS 메시지로 자연스럽게 도착합니다. 이렇게 '사고 싶다'는 마음을 자극하는 장치가 우리 일상 곳곳에 넘쳐나는 시대입니다.

물론 그렇다고 해서 쇼핑이 곧 나쁜 행동이라는 뜻은 아닙니다. 예산에 여유가 있고, 진심으로 갖고 싶은 물건이라면 사도 괜찮습니다. 다만 한 가지 원칙만은 꼭 세워두면 좋습니다. 바로 "사용하지 않을 것 같다면 망설이지 말고 바로 처분하자"라는 원칙입니다.

저 역시 최근 입소문을 타고 좋은 평을 받은 커트러리 세트를 인터넷에서 구매한 적이 있습니다. 젓가락과 포크를 비스듬히 넣을 수 있게 되어 있어 공간을 절약할 수 있을 것 같았지요. 하지만 막상 사용해보니 우리 집에서는 활용도가 낮았고 사용하기 불편했습니다. 결국 바로 정리해버렸지요.

아무리 훌륭한 제품이라도 모든 사람에게 맞는 것은 아닙니다. 정리 전문가인 저조차 입소문 좋은 제품을 종종 시도해보고 실패를 겪으며 배워갑니다.

4장

넘치는 옷장,
숨은 비용

넘치는 옷장이 멋을 보장해주는 것은 아닙니다. 나에게 가장 잘 어울리는 옷 몇 벌이 감각적인 분위기를 만듭니다.

하의는 바지 세 벌과
치마 두 벌

제가 가진 옷은 아주 적고, 스타일도 심플합니다. 하의는 바지 세 벌, 치마 두 벌뿐이에요. 그것도 한 계절용이 아니라 일 년 내내 입는 옷이 이게 전부입니다.

물론 처음부터 이 정도로 줄인 것은 아닙니다. 지금으로부터 3~4년 전, 옷 정리를 하면서 문득 깨달았습니다. '산 지 오래됐는데도 입지 않고 그냥 둔 옷이 정말 많구나.' 그때부터 옷을 줄이기로 마음먹었지요.

통이 넓거나 신축성이 없는 바지, 길이가 애매한 치마…. 시간이 흐르면 유행도 바뀌고 나이와 함께 체형이나 취향도 달라집니다. 게다가 코로나 이후 변화한 생활 방식도 옷장을 다시 돌아보게 만든 계기가 되었습니다.

사람이 붐비는 대중교통 대신 자전거를 이용하면서부터는 치마보다는 바지를 더 자주 입게 되었고 바퀴에 끼일

위험 때문에 통 넓은 바지보다는 스트레이트 핏(허벅지부터 발목까지 일자 라인인 바지 스타일—옮긴이)을 선호하게 되었습니다. 오염이 티 나지 않는 검은색, 그리고 움직임이 편한 신축성 있는 바지를 선택하게 되었고요.

결국 지금은 입기 편한 검은색 바지 두 벌, 격식 있는 자리에 어울리는 흰색 바지 한 벌을 갖고 있습니다. 치마도 마찬가지로 격식 있는 자리에 입을 수 있는 단정한 치마 한 벌, 그리고 같은 디자인의 치마를 최근에 한 벌 더 구입했지요. 여기까지가 현재 제가 가진 모든 하의입니다. 이 이상 늘어나면 그중 하나는 반드시 처분합니다.

이 정도 옷으로 1년 내내 괜찮을지 처음엔 불안했지만 지금은 아무 문제 없이 잘 입고 있습니다. 오히려 옷장이 여유로워지니 머릿속까지 가벼워졌고, 아침마다 '무엇을 입을까?' 고민하지 않아도 되니 시간도 마음도 훨씬 여유로워졌습니다.

물론 모든 사람이 옷을 이만큼만 가지고 살 필요는 없습니다. 저처럼 극도로 줄인 옷장을 선택하는 대신 입는 옷과 안 입는 옷을 구분하는 것만으로도 충분한 변화가 시작됩니다. '이번 계절에 한 번도 입지 않은 옷이 있다면, 정말 나에게 필요한 걸까?' 이런 질문을 던져보는 것만으로도 옷장을 더 가볍고 실용적으로 바꿀 수 있어요. 무조건 옷의 양을 줄이는 것이 목적이 아니라 '입는 옷만 남기는 것'이 핵심입니다.

옷에도
소비기한이 있다

　정리할 때 특히 버릴지 말지 판단하기 어려운 품목 중 하나가 바로 옷, 가방, 구두 같은 의류나 패션 잡화입니다. 나이가 지긋하신 의뢰인들이 정리 컨설팅 도중 "이건 어떡할까요?"라며 옷장 깊숙한 곳에서 오래전에 유행했던 어깨 패드가 큰 재킷이나 양복을 꺼내오는 일이 종종 있습니다.

　저 역시 버블 시대(1986~1991년 일본 경제 호황기 – 옮긴이)에 청춘을 보냈기에 그 시절의 패션을 보면 추억이 몽글몽글 피어납니다. 하지만 21세기가 된 지금, 어깨 패드가 들어간 옷차림은 좀처럼 보기 어렵지요. 설령 패드를 제거한다 해도 디자인이 구식일 뿐 아니라 단추나 섬유 소재 역시 세월의 흐름에 따라 마모되어 지금 입기에는 적합하지 않습니다.

　게다가 30여 년 전 입던 옷이 50대가 된 현재의 얼굴

분위기나 체형과 잘 어울리기란 더욱 어렵습니다. 의뢰인에게 "이 옷을 입고 외출할 자신이 있으세요?"라고 물으면, 대부분 "아니요"라고 바로 대답하시곤 합니다.

그렇습니다. 옷에도 최적의 상태로 입을 수 있는 소비기한이 존재합니다. 버블 시기의 옷은 다소 극단적인 예일 수 있지만, '별생각 없이 사놓고 한 번도 입지 않은 옷'이나 '사놓고 만족만 한 옷'이 쌓이고 쌓여 집 안 공간을 차지하는 경우는 흔합니다. 결국 입지 않을 옷에 돈을 쓰는 동시에, 불필요한 공간 비용까지 낭비하는 셈이니 돈이 새어나가는 전형적인 사례라고 할 수 있겠습니다.

입고 외출하지 못할 옷과는
헤어질 결심을

옷의 소비기한이 언제까지인지 감이 잘 오지 않는다면, 옷장 구석에 방치했던 옷을 입고 휴대폰 카메라로 사진을 찍어보세요. 가족과 함께 사는 분이라면 가족에게 부탁해도 좋고, 혼자 직접 찍어도 괜찮습니다.

여기서 핵심은 거울이 아닌 사진으로 확인하는 것입니다. 사람은 무의식중에 거울 앞에서는 포즈를 취하기 때문에 거울을 통해서는 있는 그대로의 모습을 정확히 보기 어렵습니다.

평소와 똑같은 자세, 메이크업, 헤어스타일을 한 상태에서 사진을 찍고 차분히 살펴보세요. 손이 잘 가지 않는 옷에는 분명 입지 않게 되는 이유가 숨어 있습니다. 예를 들어, "길이가 너무 짧아서 촌스러워 보여" 또는 "얼굴이 칙칙해 보이네"처럼 지금의 나와 어울리지 않는 지점을 발견하게 될 거예요. 이런 깨달음을 통해 우리는 그 옷의 소비기한을 가늠할 수 있습니다. 옷과 작별할 시기를 자연스럽게 알게 되는 것이죠.

그럼에도 처분하기 망설여진다면, 스스로에게 이런 질문을 던져보세요. "이 옷을 입고 새 옷을 사러 나갈 수 있을까?" 이 질문은 옷을 미련 없이 떠나보낼 수 있는 아주 좋은 판단 기준이 되어줍니다.

또한 최근에는 웨이브, 스트레이트, 내추럴 등 체형별로 어울리는 옷을 판단해주는 골격 진단이라는 방법도 생겼습니다(2000년대 초반 일본에서 등장한 체형별 스타일링 제안법 – 옮긴이). 전문가와 상담해 내 체형과 맞지 않는 옷을 정리하는 것도 한 가지 현명한 방법이 되겠지요. 전문가는 어깨, 골반, 근육량 등을 종합 분석해 옷장 속 옷을 체형에 맞게 정리해주고 자신에게 어울리는 소재와 디자인을 알려줍니다. 이렇게 자기 몸을 세심히 알아가는 과정은 곧 나만의 아름다움을 발견하고 가꾸는 철학이기도 합니다. (한국에도 골격 진단을 통해 체형에 맞는 옷 스타일을 추천해주는 업체들이 많다. 간편하게 온라인 앱이나 유튜브 셀프 진단 가이드를 통해 손쉽게 자신의 골격 타입을 확인할 수도 있다– 옮긴이)

낡고 헤진 옷은
전부 실내복?

옷장이 꽉 찬 의뢰인들의 공통점이 하나 더 있습니다. 바로 실내복이 너무 많다는 점입니다. 그것도 계절별로 꼼꼼히 나뉘어 있지요.

한 의뢰인의 옷장 속에는 겨울철에 입는 폭신폭신한 잠옷이나 수면 양말이 수북했습니다. 저도 이런 실내복을 좋아하지만 그 착용 기간은 고작 늦가을부터 한겨울까지 2~3개월 정도입니다. 그런데도 부피가 큰 겨울 실내복이 여러 벌씩 옷장에 자리 잡고 있다면 결국 오랜 시간 공간만 차지하게 됩니다. 그만큼의 공간 비용이 낭비되고 있는 셈입니다.

또 하나 자주 보는 예는 외출복에서 실내복으로 '강등' 된 옷들이 현재 입는 외출복보다 더 많은 경우입니다. 옷을 살 때 "안 어울리면 집에서라도 입지 뭐"라며 기준을 낮춰 구매하다 보면 → 새 옷에 만족하지 못하고 → 마음에 드는 옷을 찾기 위해 또 쇼핑을 하는 끝없는 악순환이 반복됩니다.

실내복이라 해도 "혹시라도 이걸 입고 갑자기 대피해야 할 상황이 생기면 괜찮을까?"라는 질문을 던져보세요. 그 질문에 당당히 "그래, 이건 괜찮아"라고 대답할 수 없다면, 그 옷은 공간만 차지하는 방해물일지도 모릅니다.

버리기는 아깝다는 생각에 쌓아놓다 보면 결국 집 안 전체가 낡고 어울리지 않는 물건들로 가득 차게 됩니다. 실내복도 나의 일상을 구성하는 중요한 옷입니다. 역할을 마친 '은퇴한 옷들'은 과감하게 보내주세요. 그 자리에 나에게 꼭 어울리는, 기분 좋은 옷이 들어올 수 있도록요.

'세 가지 코디'가
떠오르는 옷을 사기

　여태까지 옷을 과감히 버리라는 조언을 했지만 새 옷을 사고 싶을 때, 사야 할 때도 물론 있습니다. 이번에는 옷을 살 때 낭비하지 않는 팁을 드리고자 합니다. 제 고객 중에는 정리에 스트레스를 느끼면서도 옷을 두서없이 사는 분들이 많았습니다. 물론 유행을 따르는 것이 잘못은 아닙니다. 누구나 멋지고 세련된 모습을 추구하고 싶어 하니까요.

　하지만 유행에만 의존하면 자기 기준이 점점 사라지고, 결국 아무 옷이나 무턱대고 사게 됩니다. "시모무라 씨, 옷은 이렇게 많은데 입을 옷이 없어요" "옷장 앞에서 늘 망설이게 돼요"라는 이야기를 저는 정말 자주 듣습니다.

　최근에는 인터넷 쇼핑으로 실패한 옷들을 그대로 방치하는 사례도 많아졌습니다. 저 역시 여러 번 그런 경험이 있습니다. SNS나 쇼핑몰 사진에서는 멋져 보였던 옷이 막상 받아보면 사이즈가 안 맞거나, 소재가 어울리지 않거나, 기존 옷들과 매치가 어려울 때가 많지요. 이런 쇼핑 실수는 누구나 할 수 있습니다. 중요한 건, '나만의 기준'을 갖고, 그 기준에 따라 옷장을 정리할 수 있느냐입니다.

옷을 구입할 때는 지금 사려는 옷으로 몇 가지 코디네이션이 가능한지 꼭 생각해보세요. 평소 가지고 있는 옷들과 잘 어울리는 스타일이 세 가지 이상 떠오른다면, 그 옷은 충분히 활용 가능한 옷입니다. 분명 자주 손이 가는 애정 아이템이 될 거예요.

점원은
코디네이터

　　새 옷을 살 때면 가능하면 즐겨 입는 치마나 바지를 입고 직접 매장에 가보는 걸 추천합니다. 점원에게 "이 옷과 어울리는 상의가 있을까요?"라고 물어보는 것도 좋은 방법입니다. 말을 거는 것이 다소 쑥스럽게 느껴질 수 있지만, 그들은 스타일링에 있어서는 전문가입니다. 부끄러워하지 마세요.

　　"엉덩이가 꼭 끼는 것 같아요" "허리선이 어정쩡하지 않나요?"처럼 구체적으로 질문할수록 좋습니다. 점원은 그 매장 옷에 대한 전문가이기 때문에 이런 질문을 받으면 오히려 기뻐할 겁니다. "손님께는 이런 타입이 더 잘 어울려요"라는 조언을 들을 기회를 잡아보세요.

　　또 앞서 말한 대로 자주 입는 옷을 입고 매장에 갔다면 "지금 입은 상의와 어울리는 바지가 있을까요?"처럼 내 상황에 맞는 질문을 해보세요. 체형과 생활 방식을 고려해 "체형이 드러나는 옷은 피하고 싶어요" "세탁이 쉬운 옷이 좋아요" 같은 요구도 자연스럽게 하게 될 겁니다.

마음에 쏙 드는 옷이 없으면 다음 기회를 기다리세요. 괜찮은 후보를 찾았다면, "둘러보고 올게요"라고 말하고 다른 매장도 가볼 것을 추천합니다. "옷 한 벌 사는 데 그 정도까지 해야 하나요?" 하는 질문이 들리는 것 같은데요, 낭비를 줄이고 싶다면 대답은 "네"입니다.

여러 번 입어보고 고른 옷은 오래도록 잘 어울리는 옷이 됩니다. 유행은 바뀌지만, 나를 잘 아는 기준은 평생 간직할 수 있는 스타일이 되니까요.

피팅룸에서는
두 벌 이상 입어보기

시간과 노력을 들여 옷을 골랐는데, 막상 집에 와서 입어보면 '뭔가 이상한데?' 싶은 순간이 생기기 마련입니다. 매장 거울에서는 괜찮아 보였지만 집에서는 전혀 달라 보이는 경험, 한 번쯤은 해보셨을 거예요.

게다가 탈의실에서 옷을 입고 나왔을 때, 점원이 "잘 어울리세요!"라고 말하면 믿고 덜컥 사버리는 경우도 있습니다. '여기까지 왔는데 아무것도 안 사긴 아쉽지'라는 생각도 슬며시 들지요.

인터넷 쇼핑은 줄였는데 오프라인 쇼핑이 문제라며 고민하는 분들께 저는 피팅룸에는 반드시 두 벌 이상 옷을 들고 들어가보라고 조언합니다.

예를 들어 치마를 고른다면, 색상이나 사이즈가 다른 두 벌 이상을 함께 입어보세요. 같은 디자인이라도 품, 기장 차이에서 오는 착용감의 미묘한 차이가 분명 존재합니다. 입어보기 전에는 알 수 없었던 어색한 핏이나 나와 맞지 않는 분위기를 발견할 수 있지요.

또 전혀 다른 스타일의 옷 두 벌을 입고 비교해보는 것도 효과적입니다. 한 벌만 입으면 점원도 매출을 올려야 하니 무조건 "예쁘세요!" "잘 어울려요!"라고 긍정적인 말만 하기 쉽습니다. 하지만 두 벌 이상 입어보고 "어느 쪽이 더 낫나요?"라고 물으면, 점원도 상대적으로 정확한 의견을 제시하게 됩니다. "첫 번째 옷이 더 잘 어울리네요"라는 식으로 말이지요.

비교는 기준을 만들고, 기준은 실패 없는 쇼핑을 가능하게 합니다. 이 작은 습관이 쌓이면, 더 이상 옷장 앞에서 망설이지 않는 나를 만나게 될 거예요.

SPA 브랜드 쇼핑은
온라인 예습이 필수

유니클로, ZARA, H&M 같은 대형 SPA 브랜드 매장을 방문할 때는 온라인으로 사전 조사를 해보고 가는 것을 추천합니다.

이런 대형 매장은 매장 규모도 크고 진열된 물건도 워낙 많아, 아무 준비 없이 가면 금세 압도당하고 맙니다. 정작 필요한 물건을 찾기도 전에 지치기 쉽고, 결국 눈에 띄는 물건이나 예정에 없던 아이템을 충동적으로 구매하게 되지요.

그래서 저는 매장에 가기 전, 해당 브랜드의 공식 웹사이트에 들어가봅니다. "내가 가진 옷과 매치하기 쉬운 건 이 옷이겠네." 이런 식으로 미리 관심 가는 아이템을 체크해두기 위해서죠.

그리고 실제 매장에 방문해 직접 입어보세요. 선 자세로만 거울을 보지 말고 쪼그려 앉거나, 엉덩이를 뒤로 빼보는 등 평소 생활 속에서 할 수 있는 동작을 해보며 착용감을 확인하는 것도 중요합니다. 생각보다 어딘가 거슬린다면, 그 느낌은 나중에도 계속 신경 쓰일 수 있습니다.

몸에 잘 맞고 착용감도 좋다면 기분 좋게 구매하고 소중히 입으면 됩니다. 하지만 조금이라도 어색하거나 마음에 걸리는 부분이 있다면 과감히 내려놓으세요. '이렇게까지 수고했는데 안 사면 손해 아냐?'라는 생각이 들 수 있지만 처음 느꼈던 그 미묘한 불편함은 시간이 지나도 쉽게 없어지지 않습니다.

인터넷 쇼핑 팁

온라인에서 옷을 살 때는 어떻게 해야 할까요? 우선 기억해야 할 점은, 온라인 옷 쇼핑은 실패 확률이 높다는 사실입니다. 저 역시 온라인 쇼핑을 줄이자 새는 돈도 함께 줄어드는 걸 경험했습니다.

물론 유혹을 참기 어려운 순간도 있지요. 그럴 때 제가 사용하는 방법은 '구매 전 꼼꼼한 확인'이라는 심리적 허들을 세우는 것입니다. 이 허들은 충동적인 소비를 막는 제동장치가 되어줍니다.

보통은 사이즈표를 대충 보고 '모 아니면 도' 식으로 한 벌만 주문합니다. 하지만 막상 사이즈가 안 맞아도 반품이 귀찮아서 그냥 두는 경우가 많습니다. 이렇게 되면 결국 돈만 쓰고 옷은 옷장 구석에 방치되는 결과를 낳습니다.

제가 드리는 제안은 구매 전 반드시 줄자를 들고 평소

가장 잘 맞는 옷의 실측 사이즈를 잰 후, 온라인 상품 상세 페이지의 '실측 사이즈'와 비교하는 번거로운 과정을 추가하는 것입니다.

신중하고 까다로운 과정을 몇 번 반복하다 보면, 자연스럽게 이렇게 생각하게 됩니다. '이렇게까지 품을 들여서 살 필요가 있을까?' 이 질문을 통해 자기만의 옷 쇼핑 기준이 서게 되는 것이죠. 불필요한 주문 자체를 사전에 막을 수 있습니다.

그렇게 까다롭게 고른 옷이라면 분명 실패할 확률도 줄어듭니다. 그리고 그 옷이 마음에 들었다면 나중에 다시 구매하거나, 오래 입다가 낡았을 때 마치 재고를 교체하듯 새것으로 바꾸는 것도 좋은 방법입니다.

인터넷 쇼핑을 잘하는 비결은 충동을 잠재우고 '기준'을 세우는 데 있습니다. 명확한 기준이 생기면 쇼핑은 더 이상 지갑이 얇아지는 일이 아니라 나를 더 잘 아는 사람이 되어가는 과정이 됩니다.

옷걸이 통일로
공간을 조화롭게

한 의뢰인은 "아침마다 옷 고르는 게 너무 스트레스예요"라고 했습니다. 옷장을 열면 옷들이 뒤섞여 있어 찾기도 어렵고, 꺼내 입기도 번거로워서 결국 별도의 행거를 거실 한쪽에 두고 자주 입는 옷만 따로 걸어두었죠. 처음엔 편리할 줄 알았지만 시간이 지날수록 거실이 지저분해 보이고, 먼지 쌓인 옷 때문에 피부 트러블도 생기고, 결국 옷장 자체가 점점 '쓸모없는 공간'이 되어가고 있었습니다.

그런데 놀랍게도 이 문제는 단 하나의 변화로 해결될 수 있었습니다. 바로 '같은 종류의 옷걸이로 통일하는 것'이었어요. 처음엔 "옷걸이에 돈을 쓰는 게 아깝지 않을까요?"라며 망설였지만, 막상 정돈을 시작하자 옷장이 믿기지 않을 정도로 달라졌습니다. 튼튼하고 모양이 같은 옷걸이에 하나하나 옷을 걸다 보니 종류별로 정리하기도 쉬워졌고,

입을 옷이 눈에 잘 띄니 불필요한 쇼핑도 줄었습니다. 나중에 저에게 "요즘은 아침에 옷 고르는 시간이 5분도 안 걸려요!"라고 후기를 전하셨습니다.

정리는 결국 선택을 단순하게 만드는 일입니다. 그 시작은 아주 작은 일, '옷걸이 통일'에서부터 시작될 수 있지요. 공간이 깔끔해지면 마음도 덩달아 가벼워집니다.

지금 당신의 옷장에는 몇 개의 옷걸이가 걸려 있나요? 기준은 간단합니다.

'옷장 봉의 길이 ÷ 2.5' = 적정 옷걸이 수

예를 들어, 표준 옷장 봉의 길이가 약 160센티미터라면 160 ÷ 2.5 = 64개가 적정한 수량입니다. 이 정도면 옷 사이에 적당한 여유 공간이 생겨 손쉽게 옷을 꺼낼 수 있고, 옷감이 마찰로 손상되는 일도 줄일 수 있습니다.

저는 옷장 속 여유 공간을 비행기 좌석에 비유하곤 합니다. 이코노미 클래스는 옆 좌석과 1센티미터, 비즈니스 클래스는 2.5센티미터, 퍼스트 클래스는 약 3센티미터의 여유가 있다고 가정해볼게요. 만약 내가 '옷'이고 옷장이라는 비행기에 탑승해야 한다면? 당연히 퍼스트 클래스 좌석에 앉고 싶겠지요.

참고로, 인스타그램에서 보이는 멋진 옷장들은 퍼스트 클래스 수준의 간격을 둔 옷장이 많습니다. 집에 있는 옷장 폭과 나의 라이프스타일을 고려해 옷걸이 수를 적절히 조정해보세요. 그 작은 변화 하나가 옷장을 더 쾌적하게 만듭니다.

"옷을 사거나 세탁하면 옷걸이는 무료로 생기는데 굳이 돈을 써야 하나요? 너무 아까운 것 같아요"라고 말하는 의뢰인들에게 저는 다이소 같은 매장에서 쉽게 구매할 수 있는 '미끄럼 방지 옷걸이'를 자주 추천합니다. 5개에 2000원 내외로 구매할 수 있으며, 100개 정도를 갖추는 데는 약 4~5만원 정도가 들지요. 처음엔 옷걸이에 돈을 쓰는 것이 낭비처럼 느껴질 수 있지만, 이 작은 투자가 가져오는 효과는 놀랍습니다.

옷걸이에 걸 수 있는 만큼만 옷을 갖춘다는 기준을 정해두면, 쇼핑의 기준도 명확해지고, 불필요한 지출을 줄일 수 있습니다. 옷장 안이 훨씬 단정해지고, 매일 아침 옷 고르기도 수월해져 생활의 흐름이 더 매끄러워집니다.

결국 이 '몇만 원짜리 옷걸이 정비'는 더 나은 소비 습관과 자기관리 기준을 만드는 시작점이 됩니다. 눈앞의 편리보다 꾸준한 질서를 선택했을 때 삶은 조금씩 달라지지요. 작은 물건 하나를 고르는 방식에서 우리의 생활 철학이 시작될 수 있다는 사실을 정리 컨설팅을 하며 늘 느낍니다.

가방을 향한
애착 혹은 집착

옷만큼이나 버리기 애매한 물건이 바로 가방입니다. 특히 명품 가방은 고가라서 대부분 평생 쓰겠다는 마음으로 사기 때문에 몇 년이나 옷장 속에 잠들어 있어도 쉽게 버리기가 어렵지요.

하지만 명품에도 유행이 있고 물건을 소유하는 방식 역시 시대에 따라 변화합니다. 과거에는 명품을 재력과 지위의 상징으로 여겼다면 지금은 가치관이 달라져서 사람들이 선호하는 브랜드와 스타일도 훨씬 다양해졌습니다.

지금 갖고 있는 가방이 소중한 사람에게 받은 선물이거나 나 자신에게 준 특별한 보상이라면, 애정을 담아 간직하시길 바랍니다. 하지만 '비싸게 주고 샀으니까'라는 이유 하나라면, 그것은 애착이 아닌 집착일지도 모릅니다.

하지만 명품 가방은 높은 가격과 특별한 추억 때문에

지금 당장 떠나보내라는 조건이 쉽게 받아들여지지 않죠. 조금 더 현실적으로 가방을 정리할 수 있는 방법을 아래와 같이 추천합니다.

• 사용 빈도로 시작하기

매달 꺼내든 횟수를 일기나 메모로 기록해보세요. 1년 동안 한두 번도 사용하지 않았다면, 그 가방이 진짜 '소중한 물건'인지 객관적으로 판단하는 데 도움이 됩니다.

• 보상과 추억 분리하기

'스스로에게 준 선물' 혹은 '소중한 사람의 마음' 둘 다 귀하지만, 그 기억은 사진으로 간직하거나 간단한 일기로 남기고 다른 사람이 소유할 기회를 주는 것도 방법입니다. 물건이 아닌 기억을 붙드는 연습이지요.

• 대여·위탁 플랫폼 활용하기

당장 버리지 않더라도, 가벼운 마음으로 대여 서비스에 등록해보세요. 사용자가 빌려 쓰는 동안 수익이 생기고, 본인도 가방의 가치를 유지한 채 공간을 확보할 수 있습니다.

• 단계적 정리

한 번에 모든 가방을 정리하기보다 다음 계절엔 꺼내

지 않을 것 같은 가방 한두 개부터 단계적으로 정리해 작은 성공감을 쌓아보세요.

이 과정을 통해 애착과 집착 사이의 균형을 차분히 다듬다 보면, 소중한 것만 남은 옷장과 마음의 여유를 동시에 누릴 수 있을 것입니다.

라이프스타일과
어울리는 신발

옷과 가방에 이어, 정리해야 할 다음 품목은 신발입니다. 신발은 특히 라이프스타일의 변화에 민감하게 반응합니다.

예를 들어, 결혼 전에는 하이힐을 즐겨 신었지만 출산 후에는 운동화나 플랫슈즈만 찾게 되는 경우가 많습니다. 업무 특성상 외근이 잦았던 의뢰인 한 분은 출산과 육아휴직 이후 오랜만에 외출하려다 신발장에서 낯선 느낌을 받았다고 합니다. 그 안에 자리한 하이힐과 펌프스들은 한때 그녀의 자부심이었지만, 몇 년 만에 신으니 불편함과 어색함이 느껴졌다지요. 결국 5년 이상 신지 않은 신발을 모두 정리하고, 편하면서도 세련된 로퍼와 운동화 몇 켤레만 남겼습니다. 덕분에 신발장은 물론이고 외출 준비에 걸리는 시간까지 줄어들었습니다.

신발은 시간이 지나면 가죽, 고무, 접착제 등 구성 소재가 자연스럽게 낡기 마련입니다. 눈에 띄게 망가지지는 않았더라도 장기간 방치한 신발을 다시 신으려면 발에 무리가 가거나 안전사고로 이어질 수 있으므로 더욱 주의가 필요합니다.

신발장에 잠들어 있는 신발 중 현재의 라이프스타일과 맞지 않아 오랫동안 손길이 닿지 않았다면 과감히 정리하는 것을 추천합니다.

하루 중 가장
긴 시간을 보내는 침실

옷장을 정리할 때 염두에 두어야 할 점 중 하나는 '옷장은 대부분 침실에 있다'라는 사실입니다. 최근에는 독립된 드레스룸이 마련된 집들이 있긴 하지만, 여전히 많은 가정이 옷장이 있는 방에 침대를 두고 생활합니다.

수면 시간을 고려하면 침실은 하루 중 가장 오랜 시간을 보내는 공간이기에 쾌적하게 유지하는 것이 중요합니다. 침구는 큰 천 덩어리라서 먼지를 쉽게 품습니다. 자연히 침실은 늘 많은 먼지가 떠다니는 공간이 되지요. 여기에 옷장 속에 이리저리 섞여 있는 천 무더기에서 먼지가 발생해 옷장을 여닫을 때마다 실내로 퍼진다면 어떨까요? 휴식을 위한 공간인 침실이 오히려 먼지 구덩이가 되어버려 건강에도 좋지 않은 영향을 미칩니다.

깨끗한 공기를 위해 공기청정기를 사용하는 것도 좋지

만 그보다 먼저 해야 할 일은 먼지의 근본적인 원인을 줄이는 것입니다. 그러면 방 안이 더 청결해지고 청소하기도 훨씬 수월해집니다.

옷장을 정리하면서 동시에 해야 할 일 중 하나는 바로 침대 시트와 이불 커버를 정리하는 것입니다. 어린아이가 있어 이불이 자주 더러워지는 경우가 아니라면 침구는 1인당 1세트면 충분합니다. 맑은 날 세탁하면 하루 안에 마를 수 있으므로 굳이 여러 세트를 갖춰둘 필요는 없습니다.

실제로 한 의뢰인은 컨설팅 이후 이불 커버를 모두 처분했습니다. 계절에 한두 번밖에 세탁하지 않다 보니 "차라리 커버를 없애고 이불을 바로 세탁하는 게 낫지 않을까?"라는 생각이 들었고 실제로 그렇게 해도 생활에 전혀 지장이 없었다고 합니다. 짐을 줄이면서도 위생을 지키는 방법은 생각보다 가까운 곳에 있습니다.

5장

풍요를 부르는
단정한 주방

나와 가족의 건강을 책임지는 주방은 특별히 더 깔끔하고 단정하게 유지할 필요가 있습니다.

꿈꾸던 주방이
짐더미로 변할 때

무심결에 받아와 집 안어 쌓이는 일회용 숟가락, 젓가락, 포크. 제가 지켜본 '돈이 쌓이지 않는 집'에는 예외 없이 일회용품이 서랍 안에 넘칠 만큼 들어 있었습니다. 최근에는 봉투 유료화 정책 때문인지 무료로 주는 비닐봉지를 잔뜩 모아두는 집들도 많지요.

불필요한 일회용품을 줄이려면 사용하지 않을 물건은 처음부터 받지 않는 것이 중요합니다. 하지만 "마음대로 가져가세요"라는 말을 들으면 무심코 챙기게 되는 것이 사람 심리입니다. 또는 함께 사는 가족이 자꾸 가져오는 바람에 물건이 늘어나는 경우도 적지 않습니다.

이럴 때는 수납 장소를 정해 이 칸에 들어가는 양만 보관한다는 규칙을 만들어보세요. 예를 들어 일회용 젓가락이 수납 칸에서 넘치려 한다면, 초근 배달 음식을 너무 자주 시키고 있는 건 아닌지 지출을 점검해볼 타이밍일지도 모릅니다. 아직 사용할 수 있는 물건을 버리면서 마음이 불편할 수 있습니다. 하지만 바로 그 껄끄러운 마음이 불필요한 물건을 쌓아두고 있었다는 증거이기도 합니다.

가장 좋은 방법은 보관 수량을 미리 정해두는 것입니다. 예를 들어 4인 가족이라면 일회용 숟가락, 젓가락, 포크는 각각 2개씩만 보관하기로 정하는 식입니다. 그 이상은 비상시를 대비한 보관 키트에 보관하는 게 좋습니다. 다만 비상 키트라고 해도 몇 년씩 묵히면 위생적으로도 기능적으로도 문제가 생기기 때문에 주기적인 점검이 필요합니다. 보관할 때 포장지 위, 또는 라벨지에 간단히 날짜를 표기하면 "어라, 5년이나 된 나무젓가락이 들어 있네!" 하고 정확한 시기를 파악해 처분하기 쉬워집니다.

물건이 물건을 감추는
악순환

"토마토 페이스트 캔이 어디 있더라?"

분명 집에 있었던 것 같은데 찾지 못해 결국 다시 사버린 경험, 누구나 한 번쯤은 있지 않나요? 정리가 되지 않은 주방에서 흔히 일어나는 일입니다. 더 안타까운 건, 없는 줄 알았던 토마토 페이스트 캔이 며칠, 혹은 몇 달 뒤 생각지도 못한 구석에서 '뿅' 하고 나타나는 순간입니다. 심지어 유통기한이 1년이나 지난 상태라면 허탈함은 배가 되지요. 아마 "이거 내 얘기네!" 하고 고개를 끄덕이는 분도 많을 겁니다.

이것이 바로 물건이 물건을 감추는 악순환입니다. 필요할 때 바로 쓰려고 사둔 물건인데 그 위에 쌓인 다른 물건들에 가려져 제자리를 잃고 존재조차 잊히는 상황. 그 결과 우리는 식재료를 낭비하고, 돈을 낭비하고, 비어 있어야 할 공간마저 잃게 됩니다. 또한 자원을 소중히 여기는 친환경적인 흐름과도 어긋나지요.

특히 보존 기간이 긴 통조림은 이런 악순환을 더욱 부추기기 쉽습니다. 실제로 돈이 잘 쌓이지 않는 집일수록 참치, 고등어, 파인애플 등 다양한 통조림들을 무작정 쌓아두는 경향이 있습니다.

과연 그렇게 많은 종류의 통조림이 정말 모두 필요한 걸까요? 우리 가족의 입맛과 조리 습관을 고려하면 실제로 자주 먹고 활용하는 통조림은 많아야 두세 종류일 가능성이 큽니다.

식재료는 종류별로 하나의 상자에 모아 보관하고, 줄어들면 그때그때 필요한 만큼만 보충하는 시스템을 만드는 것이 중요합니다. 어디에 무엇이 있는지 한눈에 파악할 수 있도록 정리해두면 중복 구매를 막을 수 있고 유통기한을 놓치는 일도 줄어듭니다.

이런 '편리한 시스템'은 주방뿐 아니라 집안의 다른 공간에서도 필요합니다. 정리 습관을 넘어 생활비를 효율적으로 관리하는 실질적인 전략이기도 합니다.

'꼭 필요하다'는 착각이
냉장고를 어지럽힌다

주방에서 편리한 시스템을 적용하기에 가장 적합한 공간 중 하나가 바로 냉장고, 그중에서도 냉장고 문 안쪽 드레싱 보관 칸입니다.

차조기, 중화, 참깨 등 다양한 드레싱이 줄줄이 들어 있는데, 대부분은 개봉 후 먹다 만 상태이거나 꺼내 보니 소비 기한이 지나 있거나 바닥만 남은 채 방치된 경우가 많습니다. 이런 상황을 줄이기 위해 드레싱을 한 종류로 줄여 보는 것을 추천합니다.

"우리 가족 입맛도 다양한데요…."

"같이 마트에 가면 가족이 멋대로 바구니에 넣어요."

이런 고민이 있을 수 있지만, 우선 모두가 좋아하는 맛 하나를 선택해 그것부터 다 먹는 시스템을 만들어보세요. 예를 들어 "이 차조기 드레싱을 다 먹으면 다음엔 중화 드레싱으로 바꿔 보자"라고 가족과 함께 약속을 정하는 겁니다. 그리고 "이렇게 하면 냉장고가 깔끔해지고, 돈도 절약돼"처럼 경제적 이유를 들어 말하면 설득력이 더해집니다. '왜 줄이는지'에 대한 목적을 분명히 설명하고 쾌적한 삶을 위한 시스템을 만들고 있다는 사실을 공유하는 것이 중요합니다.

여기서 한 걸음 더 나아가고 싶은 분이라면 직접 드레싱을 만들어 보는 것도 좋습니다. 오일, 소금, 식초만 있으면 기본 드레싱은 금세 완성되고, 취향에 따라 마요네즈나 향신료, 올리브유 대신 참기름을 넣는 식으로 다양한 조합이 가능합니다. 먹지 않고 방치 중인 매실장아찌 같은 식재료를 활용해보는 것도 좋은 방법입니다. 이렇게 실험을 통해 자신만의 드레싱 레시피를 만들다 보면 식생활이 더욱 다채로워집니다.

정리와 절약의 기본은 가진 물건을 끝까지 잘 사용하는 것이며, 불필요한 물건을 늘리지 않는 습관입니다. 통조림, 간편식, 드레싱, 파스타 소스 등 당연히 있어야 할 것 같은 물건도 '정말 필요한가?'를 다시 생각해보고, 우리 가족에게 꼭 필요한 기본 품목이 무엇인지 점검해보세요.

집에서 쉽게 만드는 드레싱 추천

올리브유를 활용한 드레싱 레시피

클래식 발사믹 드레싱

- 올리브유 3큰술
- 발사믹 식초 1큰술
- 꿀 또는 메이플 시럽 1작은술
- 소금, 후추 약간

→ 상큼하고 달콤한 풍미.
  샐러드에 가장 잘 어울립니다.

허브 올리브 드레싱

- 올리브유 3큰술
- 레몬즙 또는 화이트 와인 비니거 1큰술
- 다진 바질, 오레가노, 파슬리(생허브나 건조허브) 약간
- 다진 마늘 아주 소량
- 소금, 후추 약간

→ 향긋한 허브 풍미.
  채소나 구운 야채에 정말 잘 어울립니다.

요거트 드레싱

- 플레인 요거트 3큰술
- 레몬즙 1큰술
- 꿀 1작은술
- 다진 마늘 약간
- 소금, 후추 약간

→ 고소하면서 상큼한 맛.
  과일/치킨/감자 샐러드에 잘 어울립니다.

간장 드레싱(일본식 스타일)

- 간장 2큰술
- 식초(또는 레몬즙) 1.5큰술
- 설탕 1큰술
- 참기름 1큰술
- 깨소금 약간

→ 새콤하고 달콤하면서 감칠맛이 풍부.
  밥 반찬용 샐러드에도 어울립니다.

칠리 올리브 드레싱

- 올리브유 3큰술
- 레몬즙 1큰술
- 고춧가루 또는 칠리 플레이크 약간
- 꿀 약간
- 소금, 후추

→ 살짝 매콤하고 상큼한 맛.
   아보카도/퀴노아 샐러드에 잘 어울립니다.

소중한 선물일수록
아낌없이

　의뢰인에게도 자주 받는 질문이자, 저 역시 한동안 처리 방법을 고민했던 물건이 있습니다. 바로 선물로 들어오는 고급 조미료와 식기류입니다.

　조미료는 요리에 빠질 수 없는 기본 재료지만, 선물 받은 고급 조미료는 패키지가 예뻐서 쓰기가 아까워 방치되기 쉽습니다. 저도 처음에는 원래 용기 그대로 사용합니다. 하지만 시간이 지나도 좀처럼 줄지 않는다면, 어느 순간 평소 사용하는 조미료 케이스에 부어 섞어버립니다. 산지나 맛이 조금 다를 수 있지만, '우리 집만의 오리지널 블렌드'라고 생각하면 훨씬 마음이 편해집니다. 또 암염처럼 입자가 크고 향이 독특한 소금은 욕조에 풀어 입욕제로 활용하는 것도 좋은 방법입니다. 꼭 요리에만 써야 한다는 고정관념을 버리고, 다른 용도로 전환해 양을 줄여보세요. 물건은 있어도 쓰지 않으면 의미가 없고 적극적으로 활용해야 비로소 ‘생활의 일부’가 됩니다. 서랍 한쪽에서 잊히는 것보다는 매일 아낌없이 사용하는 것이 훨씬 현명한 선택입니다.

식기류도 마찬가지입니다. 예쁜 머그컵이나 접시를 선물을 받으면 소중하게 아껴두고 싶어지지만, 막상 꺼내 쓰지 않으면 공간만 차지하게 됩니다. 그래서 저는 선물 받은 식기류는 가능한 한 빠르게 꺼내 일상 속에서 적극적으로 사용합니다. 자주 쓰면서 물건이 지닌 쓰임새를 몸으로 체감하고, 손이 가지 않는다면 과감히 정리합니다.

귀한 물건을 제때 제대로 쓰지 못한 저의 경험을 하나 들려드릴게요. 예전에 남편이 중국에서 일할 때 고급 차를 선물로 사 온 적이 있었습니다. 시간을 들여 정성스럽게 내려 마셔야 하는 고급스러운 차였죠. 남편은 “정말 좋은 차야”라고 설명해줬고 저도 선물 받았을 때 무척 기뻤지만, 귀한 차니까 아껴 마시자는 생각에 수납장에 보관하다가 그 존재를 깜빡 잊고 말았습니다. 시간이 한참 흐른 뒤에 꺼내 마셨더니 이미 신선함도 향도 많이 줄어들어 있더군요.

저는 그 이후로 귀한 물건일수록 받자마자 기쁜 마음으로 ‘바로’ 먹고 마시는 쪽을 선택합니다. 누군가에게 선물을 해야 할 때도 실용적인 걸 고르게 되는데, 요즘은 와인이나 차를 선물하는 편입니다. 주는 사람도 부담이 없고 받는 사람도 마신 후에 남는 게 없으니 깔끔하게 정리되기 때문입니다.

선물은 애지중지 보관하는 데서 의미가 생기는 것이 아니라 매일 생활 속에서 함께할 때 비로소 우리 삶에 온전히 녹아듭니다.

좋은 그릇을 쓰며 변하는
일상의 태도

이번엔 시선을 그릇으로 돌려볼까요? 평소 사용하는 접시나 머그잔 외에도 고급 식기가 주방 깊숙이 잠들어 있지는 않나요?

예전에 일본에서는 부모님이 결혼하는 자녀에게 손님용 식기 세트를 선물하는 문화가 있었지만, 요즘은 가족이나 친지가 한자리에 모일 일이 드물고 가벼운 모임을 하기에 좋은 장소도 많아졌습니다. 이처럼 시대가 바뀌었는데도 사용하지도, 버리지도 못한 고급 식기를 그저 보관만 하는 일이 의외로 많습니다.

의뢰인 중에 "고급 식기는 쓰기 아까워서, 깨질까 봐 못 쓰겠어요"라고 하시는 분도 있습니다. 하지만 정말 아까운 건 그 식기를 평생 쓰지 않고 공간만 차지하게 두는 일입니다. 그러니 주저하지 말고 평소에 적극적으로 사용해보세요. 꼭 음식용이 아니어도 괜찮습니다. 예쁜 접시는 꽃병 받침이나 소품 트레이로도 훌륭하게 활용할 수 있습니다. 자주 사용하다 보면 깨지거나 이가 나갈 수도 있지만, 그땐 "그동안 잘 썼다"라며 기꺼이 보내주면 됩니다.

제가 컨설팅한 가정 중에도 멋진 고급 식기가 있음에도 식품 회사에서 받은 사은품 그릇이나 저렴한 식기만 매일 사용하는 분들이 많았습니다. "막 써도 되니까 편해서 좋아요"라는 말도 이해는 가지만, 여기서 한 번 자신에게 질문을 던져보세요. "나는 어떤 삶을 살고 싶은가?" "나는 어떤 그릇이 어울리는 사람이 되고 싶은가?"라고요.

고급 식기가 어울리는 사람이 되고 싶다면, 그릇도 일상에서 아끼지 말고 사용하세요. 정성스럽게 그릇을 다루다 보면 일상의 태도도 바뀌게 됩니다. 그리고 좋은 물건을 알아보는 눈을 아이에게 길러주고 싶다면, 말로 설명하기보다는 훌륭한 그릇을 함께 쓰고 체험하게 하는 것이 훨씬 효과적입니다. 물건의 가치와 삶의 품격은 그렇게 일상 속에서 스며드는 것이니까요.

수납 하나 바꿨을 뿐인데,
달라지는 주방 풍경

냉장고나 주방 서랍 속에서 은근히 큰 부피를 차지하는 것이 바로 반찬통입니다. 보관 용기는 분명 매우 유용한 물건이긴 합니다. 음식을 미리 만들어 두는 사람에게는 반찬통이 많을수록 편리하다고 생각되기도 하고, 다이소처럼 저렴한 곳에서 다양한 형태와 크기의 제품이 판매되다 보니 "집에 있으면 쓸모가 있을 것 같아"라는 생각으로 무심코 사 모으게 되지요.

하지만 문제는 바로 그 '다양함'에 있습니다. 원형, 정사각형, 직사각형 등 제각각인 형태는 보관 시 겹치기 어렵고, 결국 싱크대 상부장이나 하부장에 놓여 공간 낭비로 이어집니다. 수납장에 반찬통이 뒤섞여 있으면 쌓기도 불편하고 원하는 것을 꺼내기도 번거롭습니다.

지금 한 번 시험 삼아 주방 수납장 안에 보관 중인 반찬통을 꺼내 모아보세요. 생각보다 많은 양이 있거나 누렇게 변색된 낡은 플라스틱 용기가 섞여 있을 수도 있습니다.

깔끔한 주방을 위한 가장 간단한 첫걸음은, 자주 쓰는 반찬통을 중심으로 그 수와 형태를 정리해보는 것입니다. 현재 냉장고 안에서 자주 쓰는 반찬통 외에 잘 사용하지 않는 용기들은 과감히 줄여도 전혀 문제없습니다. 반찬통은 모양과 크기별로 통일하면 수납이 훨씬 효율적이고, 꺼낼 때도 보기 좋고 쓰기도 편해집니다.

저는 차곡차곡 쌓을 수 있고, 유리로 된 보관 용기를 추천합니다. 유리 특유의 깔끔한 느낌 덕분에 접시 대신 그대로 식탁에 올려도 전혀 어색하지 않고 오히려 정갈해 보입니다. 반면 국물 요리나 찌개처럼 국물이 많은 음식은 뚜껑을 돌려 여닫는 지퍼락 스타일의 플라스틱 용기를 사용합니다. 저는 이 모든 반찬통을 하나의 사이즈로 구매해서 적층해놓으니 냉장고 내부가 늘 깔끔하게 정리됩니다.

가격이 저렴하다라는 이유로 다양한 사이즈가 섞인 세트를 무작정 구매하는 것은 피하세요. 음식의 양이 많든 적든 동일한 사이즈의 용기를 사용하면 냉장고에 가지런히 들어가는 모습이 보기 좋을 뿐만 아니라 보관하고 꺼내기가 편해지고, 주방 정리도 자연스럽게 따라오게 됩니다. 반찬

통을 단순한 보관 용기가 아니라 주방의 질서를 잡아주는
중요한 도구로 사용해보세요.

생각 없이 산 물건은
생각 없이 방치된다

'싸니까' '예쁘니까' '있으면 언젠가 쓰겠지'라는 이유로 별생각 없이 덜컥 사버리는 소비 습관이 문제를 만듭니다. 할인해서 샀지만 결국 사용하지 않는 물건이 집안 곳곳에 쌓이고 있다면 소비 습관을 점검해보세요. 별생각 없이 산 물건은 별생각 없이 방치되기 쉽고, 비슷한 소비가 반복되며 악순환에 빠지게 됩니다. 특히 주방 용품은 '있으면 편리할 것 같다' '예뻐서 가지고 싶다'라는 충동에 휩쓸려 구매하기 쉽습니다.

실제로 컨설팅했던 한 가정에서는 싱크대 하부장에 사용하지 않는 주방 소형 가전과 각종 주방 용품이 가득 쌓여 있었습니다. 핸드블렌더, 아이스크림 메이커, 컵 전용 세척기 등 '있으면 좋을 것 같아서' 샀던 물건들이었지만, 대부분 한두 번 쓰고 방치되어 있었습니다. 그중 몇몇은 이미 부속품이 빠지거나, 설명서를 잃어버려 다시 사용하기조차 어려운 상태였습니다. 물건을 정리하면서 의뢰인은 웃으며 말했습니다. "솔직히 있으면 언젠가 쓸 줄 알았어요. 그런데 막상 생활이 바쁘니까 찾지도 않게 되더라고요."

새로운 물건을 들이기 전에 먼저, 지금 집 안에 있는 '사용하지 않는 물건'을 정리해보세요. 주방 상하부장 깊숙이 들어 있는, 심지어 존재조차 잊고 있었던 물건들부터 꺼내어 살펴보는 것입니다. 주방이야말로 집안에서 가장 청결하게 유지되어야 하는 곳입니다 불필요한 용품을 주기적으로 정리하면 보기에 좋을 뿐 아니라 위생적으로 관리할 수 있으니 일석이조입니다.

주방 가전을
잘 활용하려는 부담감

앞에서 힌트를 드렸지만, 냄비나 프라이팬과 더불어 '돈이 쌓이지 않는 집'에서 공간을 크게 차지하는 것이 바로 주방 가전입니다. 전기 압력솥, 착즙기 등 잘 사용하면 분명 편리하고 매력적인 물건들이 많지만, 사용하기에 번거롭거나 손에 익지 않아 결국 방치하게 되는 경우가 많습니다.

주방 가전은 조리 과정을 단축해주는 유용한 도구이지만, 설거지가 번거롭다는 단점이 있습니다. 예를 들어 아이를 키우며 맞벌이하는 가정이 아침마다 신선한 주스를 마시고 싶어 착즙기를 구매했다고 해보죠. 실제로는 1분 1초가 아까운 아침마다 과일이나 야채를 꺼낼 시간조차 없을 가능성이 큽니다. 라이프스타일과 주방 가전이 잘 맞지 않는 것이죠.

또 주방 가전은 세트로 구성된 경우가 많아 부속품까지

포함하면 수납 공간도 많이 차지하게 됩니다. 예를 들어 핸드블렌더를 구매하면 여러 부품이 함께 딸려오는데 실제로 자주 사용하는 것은 한두 개뿐입니다. 처음 포장된 상자에 모든 구성품을 함께 보관하다 보면 부피만 커지고, 필요할 때마다 꺼내 쓰기도 불편해지지요. 이런 경우에는 자주 쓰는 부품만 손이 잘 닿는 주방 공간에 두고, 나머지는 팬트리나 별도의 수납장에 넣어 보관하는 것이 좋습니다. 그리고 사용 중인 기기 근처에 "나머지 부속품은 팬트리에 보관"이라고 적은 마스킹 테이프를 붙여 두면 필요할 때 '어디에 뒀더라?' 하고 헤맬 일도 줄어듭니다.

SNS에서 가전제품을 능숙하게 다루며 다양한 활용법을 소개하는 영상들을 보면 한 번 따라해보고 싶다는 생각이 들기도 합니다. 하지만 제품의 외관이나 홍보에 혹하기 전에 '나는 언제, 어떻게 사용할 것인가?' '설거지나 관리에 들이는 시간까지 감당할 수 있을까?'를 구체적으로 떠올려보세요. 물건을 사기 전에 스스로 한 번 더 질문을 던지는 습관이야말로 절약의 시작입니다.

완벽한 정리는
없다

정리 컨설팅을 하며 저는 두 가지를 자주 느낍니다.

하나는 누구나 여유롭고 정갈한 삶을 꿈꾼다는 점이고, 다른 하나는 그런 로망을 실현하려는 마음이 오히려 스트레스가 되기도 한다는 점입니다. 멋진 삶을 꿈꾸며 들인 물건을 실제로 잘 쓰지 못하고 죄책감에 시달리는 사람, '저렇게 살고 싶다'는 동경이 어느 순간 '저렇게 살아야만 한다'라는 압박으로 바뀌어 자신을 몰아붙이는 사람들을 자주 마주칩니다. 무척 안타까운 일이지요.

잘 정돈된 집에서 여유로운 하루를 보내는 삶은 누구나 한 번쯤 꿈꾸는 이상적인 모습일 수 있습니다. 만약 그런 생활을 실제로 즐기며 꾸준히 해나갈 수 있다면 정말 멋진 일이죠. 하지만 정말 '내가 원해서' 시작한 것인지, 아니면 이상적인 삶을 살아야 한다는 강박 때문에 억지로 꾸려가고 있는 건 아닌지, 되묻는 시간이 필요합니다. 삶을 가꾸려는 노력은 소중하지만 그것이 나를 옥죄는 족쇄가 되어서는 안 됩니다.

주방을 미니멀하게 꾸리는 것은 분명 큰 도움이 됩니다. 식재료나 조미료, 그릇이나 조리도구는 줄여도 실제 생활에 불편이 거의 없다는 걸 알게 될 겁니다. 저희 집에는 밥솥과 토스터가 없습니다. 밥은 냄비로, 빵은 프라이팬으로도 충분히 맛있게 조리할 수 있으니까요. 이렇게 나에게 꼭 필요한 것만 남기는 것은 공간을 가볍게 하고, 마음을 한결 편안하게 만들어줍니다.

다만, 여기서 중요한 것은 '줄이는 것 자체'를 목표로 삼지 않는 것입니다. 물건을 비워내고 필요한 것만 남기는 과정은 어디까지나 내 삶을 더 자유롭고 즐겁게 만들기 위한 수단이어야 합니다. 정리 전문가들은 물건을 꺼내기 쉽고 사용하기 좋은 위치를 '골든 존'이라고 부릅니다. 그런데 사실 주방은 골든 존이 아주 적은 공간입니다. 그 한정된 공간을 어떻게 쓰느냐가 중요하지요. 장소의 효율, 공간의 가성비를 고려하되 완벽을 강박처럼 좇지 않고, 내 삶에 진짜 필요한 것만 남기는 것. 그 정도면 충분합니다.

주방 정리 체크리스트

☐ 자주 쓰는 조리도구와 그릇이 쉽게 꺼낼 수 있는 곳에
있다.

☐ 매일 쓰는 물건은 한 걸음 안에 꺼낼 수 있다.

☐ 같은 기능의 조리도구가 두 개 이상 겹치지 않는다.

☐ 최근 6개월 동안 쓰지 않은 물건은 과감히 정리했다.

☐ '언젠가' 쓰려는 마음에 남겨둔 물건은 없다.

☐ 세척이 번거로워 손이 가지 않는 기기는 정리했다.

☐ '사길 잘했다' 싶은 물건이 대부분이다.

☐ 사놓고 죄책감만 느끼는 물건은 없다.

☐ 주방 동선에 걸리적거리는 물건은 없다.

☐ 필요한 만큼만 남기고, 사용하지 않는 것은 비워두었다.

체크 개수에 따른 추천 정리법

[0~3개]
정리 초입 단계입니다.

- 가장 자주 쓰는 조리도구 3가지만 남기고 나머지는 수납
  함에 담아 보관해보세요.
- 한 달 이상 꺼내 쓰지 않은 물건은 과감히 처분하는 '보류
  박스'에 담아 처분을 고려하세요.

[4~6개]
어느 정도 정리되어 있지만 여전히 여백이 부족합니다.

- '비슷한 물건끼리 모으기'→'가장 좋은 것만 남기기'를
  반복하세요.
- 냄비, 칼, 프라이팬 같은 기본 조리도구부터 하나씩 정리
  해봅시다.

[7~9개]
주방이 꽤 잘 정돈되어 있습니다.

- 이제는 '손이 가장 잘 닿는 곳'에 가장 자주 쓰는 물건을
  재배치해보세요.
- 작은 효율 차이가 주방 동선을 훨씬 편하게 만듭니다.

[10개]
훌륭합니다. 주방이 이미 잘 관리되고 있습니다!

- 앞으로 새 물건을 들이기 전 '정말 필요한가?'를 스스로 점검하는 습관만 유지하면 충분합니다.

6장

삶의 여유를
보여주는 거실

거창한 인테리어나
값비싼 가구가 아니어도
우리 집에 잘 맞는 가구를 알맞게 배치하고,
공간을 살려두면 세련되고 편안한
분위기를 얼마든지 만들 수 있습니다.

로봇 청소기가
일하기 좋은 거실

거실을 정리할 때면 의뢰인들이 조심스럽게 부탁해오는 일이 자주 있습니다.

"저기, 시모무라 씨…, 너무 부끄럽지만 집 어딘가에 있을 로봇 청소기를 함께 찾아주실 수 있을까요?"

"충전기가 사라졌어요. 분명 거실 어딘가에 있을 텐데…."

집안이 어지럽다 보면 로봇 청소기나 그 충전 부품이 행방불명되는 경우가 아주 흔합니다. 심지어 "못 찾아서 그냥 새로 샀어요"라고 말하는 분들도 계셨는데, 정말 안타까웠습니다. 만약 두 번째 청소기마저 사라진다면 수십만 원 넘는 돈이 허공으로 날아가는 셈이지요. 이런 일은 로봇 청소기에만 국한되지 않습니다. 태블릿, 블루투스 이어폰 같은 기기도 자주 사라지는데 꼭 필요한 물건이다 보니 다시 살 수밖에 없습니다.

충전식 교통카드나 신용카드도 자주 잃어버리는 물건들인데, 정리 도중 구석구석에서 여러 장이 한꺼번에 발견되는 경우도 많습니다. 문제는 이 물건들이 현금과 다름없다는 점입니다. 정리가 되지 않아 집 안에서 돈을 잃어버리고, 또다시 돈을 쓰고, 다시 잃어버리는 과정을 반복하는 것이지요. 로봇 청소기가 일하기 쉬운 환경을 만든다는 건 단지 청소기의 효율을 높이기 위해서가 아닙니다. 생활 속에서 불필요한 낭비를 막고 우리가 가진 것을 더 잘 돌보는 삶으로 전환하려는 노력이라고 할 수 있지요.

돈이 새는 집의
거실 특징

혹시 거실 바닥에 물건이 쌓여 있다면, 그 공간이 감당할 수 있는 물건의 수용량을 이미 초과했다는 뜻입니다. 앞서 이야기한 교통카드처럼 행방불명되었던 물건들은 거실 바닥에 놓인 옷더미 아래에서 종종 발견되곤 합니다.

그런데 왜 바닥에 물건이 쌓이게 되는 걸까요? 우리는 본능적으로 평평한 곳에 물건을 내려놓으려고 합니다. 처음에는 식탁 위, 그 다음은 주방 카운터, 카운터도 꽉 차면 수납장 위로, 그마저도 넘치면 결국 바닥이 마지막 대안이 됩니다.

나중에 읽을 책, 확인해야 할 서류, 외출 후 벗어둔 코트와 가방, 실내용 겉옷이나 담요, 미용용품, 운동 기구까지…. '잠시만' 두려던 물건들이 쌓이고 쌓여 결국은 물건더미가 되어버립니다. 그리고 그렇게 방치된 공간에서는 로봇 청소기 같은 가전제품은 물론 작은 교통카드에 이르기까지 중요한 물건들이 종종 조난을 당합니다.

물건이 아닌 돈이 쌓이는 집은 '체계적'이라는 점이 다릅니다. 평소 물건이 제자리를 갖추고 정리되어 있어 물건의 위치를 쉽게 기억하고, 필요한 순간에 바로 꺼낼 수 있지요.

내 손에 들어온 물건은 언제든 바로 사용할 수 있도록 제자리를 정해주는 것, 별것 아닌 일처럼 보이지만 시간과 돈을 아끼는 가장 기초적인 습관입니다.

거실을
스타벅스처럼

스타벅스를 떠올려보세요. 여러 사람이 드나들며 각자 다른 일을 합니다. 어떤 사람은 커피 한 잔을 앞에 두고 노트북으로 일하고 누군가는 친구와 이야기를 나누거나 과제를 합니다. 하지만 자리를 떠날 때 테이블 위에 물건을 아무렇게나 두고 가는 사람은 없죠.

거실도 마찬가지입니다. 편히 쉬고 책을 펼치거나 일을 하며 잠시 물건이 흩어질 수 있습니다. 하지만 할 일이 끝난 뒤엔 반드시 제자리로 돌려놓는 것, 그것이 집을 쾌적하게 유지하는 핵심입니다. 한마디로 '거실을 스타벅스처럼 활용하는 것'입니다. 가족 모두가 이 원칙을 공유한다면 거실은 금세 질서 있고 편안한 공간으로 바뀔 거예요.

다만 정리는 누가 시킨다고 해서 되는 일이 아닙니다. 가족이라고 해서 내 방식에 맞춰 움직이길 기대하는 것도 무리죠. 오히려 가족이기 때문에 서로의 속도와 방식을 존중해야 합니다.

정리의 변화는, 필요성을 가장 먼저 느낀 사람이 기분 좋게 시작할 때부터 일어납니다. 내가 먼저 웃는 얼굴로 정리를 실천한다면 어느새 가족의 태도도 자연스럽게 따라올 것입니다. (먼저 인내심을 가지세요!)

너저분한 집일수록 많은
고급 가전제품

제가 의뢰인 집을 방문해서 가장 먼저 묻는 말이 하나 있습니다. "무선 청소기가 충전되어 있나요?" 이 질문은 정리의 마지막 단계를 무선 청소기로 깔끔하게 마무리하기 위한 준비이자 의뢰인이 평소 물건에 얼마나 관심을 가지고 관리하는지를 확인하는, 간단하면서도 중요한 기준입니다.

아이러니하게도 로봇 청소기, 흡입력이 뛰어난 무선 청소기, 공기청정기 등 고급 가전제품이 많은 집일수록 너저분한 경우가 많았습니다. 성능 좋은 가전이 많지만 방전된 채 방치되어 있었죠.

왜 이런 일이 생길까요? 좋은 가전제품이라도 종류가 많아지면 공간이 복잡해지고 공기도 탁해집니다. 그러면 공기청정기를 사서 공기를 정화하려 합니다. 하지만 물건의 양이 줄지 않으니 어수선한 분위기는 그대로고, 공기청정기의 사용 횟수도 점점 줄어듭니다. 그러다 또다시 집안 공기가 나빠진 것 같아 이번에는 더 강력한 청소기를 사볼까 고민하게 되죠. 이런 방식으로 고급 가전을 계속 사들이는 악순환에 빠져버립니다.

물론 공기청정기나 고성능 청소기는 잘 활용하면 청결한 집을 만드는 데 분명 도움이 됩니다. 하지만 충전조차 하지 않고 방 한쪽에 세워만 둔다면 그것은 그저 자리를 차지하는 '공간 비용이 큰 기계'일 뿐입니다. 창문을 열어 자주 환기하고 바닥을 비워보세요. 물건이 적은 거실은 먼지도 덜 생기기 때문에 흡입력이 강한 청소기가 아니어도 충분히 깨끗한 청소가 가능합니다.

고급 가전은 대체로 한 대에 수십만 원씩 합니다. 인기 많은 제품을 써보고 싶은 마음이 드는 것도 이해하지만 우선 집 안을 깔끔하게 정리한 뒤 정말 필요한지 다시 한번 검토해보세요. 정돈된 내 공간 안으로 고심 끝에 들인 물건은 더 애착이 가고 관리할 때도 훨씬 정성이 들어가기 마련이니까요.

추억은 데이터로
영화는 스트리밍으로

자녀의 성장 과정처럼 소중한 순간이 담긴 영상은 클라우드에 보관하는 걸 추천합니다. 클라우드는 언제 어디서나 접근할 수 있고 검색과 정리도 쉬워서 보관 장소로는 더할 나위 없이 효율적입니다. 덕분에 이제는 DVD 같은 물리적인 저장 매체를 집 안에 쌓아둘 필요가 거의 없어졌습니다.

모든 사진과 영상이 디지털화된 시대이긴 하지만 가족, 연인, 친구와의 추억을 손끝으로 느끼고 싶은 분들은 사진을 인화해 간직하기도 합니다. 하지만 불필요하게 많은 사진을 인화하면 앨범에 다 채워 넣을 수도 없고, 처치 곤란이 될 수 있습니다. 특별한 사진만 선별해 정해진 개수만큼만 인화하는 방식으로 추억을 보존해보세요. 소중한 기억이 더 선명하게 기억될 겁니다.

영화나 드라마 같은 콘텐츠 역시 그렇습니다. 혹시 예

전에 할인할 때마다 사들였던 영화 DVD가 거실 장에 쌓여 있진 않나요? 그 영화들은 이제 넷플릭스 같은 OTT 서비스에서도 감상할 수 있습니다. 구독 비용이 부담스러울 수는 있지만 앞서 여러 번 강조했듯이 우리가 가장 큰 비용을 치르는 곳은 바로 공간입니다.

거의 보지도, 듣지도 않는 DVD와 CD를 그대로 두느니 과감히 정리하고 그 자리에 여유를 들이는 편이 훨씬 비용 효율이 높습니다. 물론 정말 소중한 물건이라면 굳이 무리해서 처분할 필요는 없습니다. 스트리밍 서비스는 판권 계약에 따라 언제든 작품을 내릴 수 있으니 특정 콘텐츠를 직접 소장하고 싶다면 그 자체로 충분한 이유가 됩니다. 중요한 것은 내가 그 DVD와 CD를 진심으로 아끼는지, 아니면 단지 습관처럼 쌓아두고 있는지를 스스로 구분하는 일입니다.

뒤죽박죽되기 쉬운
임시 보관 상자

우편물, 아이의 학교 서류, 공과금 서류 등 우리 생활에는 종이가 넘쳐납니다. 매일 늘어나는 종이를 정리하기 위해서 거실 탁자나 식탁 위에 '임시 보관 상자'를 두는 집도 많습니다.

이 '임시 보관 상자'는 편리한 듯 보여도 눈 깜짝할 사이에 뒤섞여서 엉망진창이 되기 쉬운 까다로운 존재입니다. 상자에 막 넣었을 때는 깔끔해진 기분이 들어도 내 서류, 가족 서류, 지난 서류, 꼭 제출해야 하는 서류 등이 뒤엉켜버립니다. 언제 받았는지 기억나지 않는 부채 같은 물건도 어느새 안에 섞여 들어가 있지요.

또 양이 많아지면 주방 카운터에서 바닥으로 임시 보관 상자가 이동하기 때문에 앞서 말한 것처럼 청소기의 진로를 방해하는 '물건더미'가 됩니다. 이 혼돈의 상자. 어떻게든 손

써야겠지요.

문제의 원인은 '상자 안에 넣는' 행동입니다. 이 행동 습관을 바꿔보는 게 어떨까요? 우편물은 바로 확인하는 것부터 시작해보세요. 봉투를 열고 안을 확인한 후 보관할 필요가 없는 서류는 곧장 쓰레기통에 넣읍시다. 아이 학교 제출물이나 지자체에서 받은 예방접종 서류 등 중요한 서류는 먼저 내용을 확인하고 일정 기간만 보관하세요.

추가로 주방 카운터나 식탁 근처에 봉투를 개봉하기 위한 가위와 펜을 준비해 두면 아주 편리하겠지요. 날인이 필요한 서류는 집에 오자마자 읽고, 써두면 금상첨화입니다. 단 3분으로 끝날 작업입니다. '월말에 몰아서 해야지'라고 미뤄 두면 나중에 귀찮아지기 때문에 가급적 매일 하도록 습관을 들이는 게 좋겠지요.

보증서와 사용설명서
취급법

가전제품을 사면 따라오는 보증서와 사용설명서, 어떻게 처리하고 계신가요? "버리면 안 될 것 같아서 일단 보관해요" "어디 뒀는지 몰라서 못 찾겠어요" 혹은 "가전제품은 이미 버렸는데, 설명서만 그대로 갖고 있어요"라는 이야기를 자주 듣습니다. 보증서와 설명서를 어떻게 보관하고 정리하는 게 가장 효율적일까요?

먼저 보증서부터 시작하자면, 결론은 간단합니다. 즉시 버려도 괜찮습니다. 원래 보증서는 구매 사실을 증명하는 용도인데, 신용카드나 온라인 구매 이력만으로도 충분히 증명되기 때문입니다. 그래도 혹시 보관하고 싶다면 보증서 전용 클리어 파일을 만들어 한데 모으고 각 보증서에 보증 기간이 끝나는 날짜, 즉 '버려도 되는 날'을 적어두면 나중에 정리할 때 훨씬 수월합니다.

반면 사용설명서는 제품에 따라 다르게 판단해야 합니다. 예를 들어 헤어드라이어나 자전거처럼 누구나 쉽게 사용하는 제품의 설명서는 대체로 한 번만 읽으면 되기 때문에 버려도 무방합니다.

이처럼 모든 설명서와 보증서를 무조건 쌓아두기보다는 제품의 특성과 용도, 실제 사용 빈도에 따라 '보관할 것과 버릴 것'을 나누는 습관이 필요합니다.

설명서 관리는
QR코드로

모든 사용 설명서를 다 버릴 필요는 없습니다. 저는 세탁기와 비데 설명서만은 따로 보관합니다. 물을 대량으로 사용하는 가전인 데다 고장이라도 나면 생활에 큰 불편을 초래하기 때문입니다. 특히 아파트에서는 세탁기에서 물이 새면 아랫집에 누수 피해를 줄 수도 있어, 언제라도 설명서를 꺼내 확인할 수 있도록 준비하는 편이 마음이 놓입니다. 다만 이제는 설명서를 종이로 꼭 보관할 필요는 없습니다.

최근에는 거의 모든 가전제품의 설명서를 인터넷에서 쉽게 열람할 수 있고, 이를 QR코드로 만들어 관리하는 방법도 있습니다. 예를 들어 제품 모델명으로 공식 사이트에서 설명서 URL을 찾아 QR코드로 변환한 뒤, 해당 가전에 스티커처럼 붙여두는 것입니다. 고장이 나거나 문제가 생겼을 때 스마트폰을 대기만 하면 바로 설명서를 열람할 수 있으니 종이 설명서를 일일이 찾느라 당황할 일도 없습니다.

이렇게 QR코드로 설명서를 시스템화하면 공간도 절약되고, 문제 발생 시 신속히 대처할 수 있어 훨씬 효율적입니다. 설명서는 QR코드로 관리하는 새로운 정리 습관, 지금부터 실천해보세요.

7장

비울수록 청결해지는
욕실

수건이 가지런히 놓여 있는
잘 정돈된 욕실을 상상해 보세요.
하루를 마무리하는 순간에도
마음이 평온해질 겁니다.

돈이 새는 집에는
세제가 쌓여 있다

7장 비울수록 청결해지는 욕실

욕실 또한 우리의 건강과 직결된 공간이므로 늘 깔끔하게 관리하는 것이 중요합니다. 그런데 혹시, 욕실 바닥이나 선반에 세제나 목욕용품 등이 무분별하게 섞이고 쌓여 있지는 않나요? 할인할 때마다 '이것도 필요하겠네'하고 사났는데 막상 잘 사용하지 않고 물때가 낀 채로 방치되어 있는 물건이 너무 많은 건 아닌지 점검해보세요.

욕실은 특히 습기가 많은 공간입니다. 이런 곳에 물건을 많이 두면 곰팡이가 생기기 쉬워 위생상 좋지 않지요. 'ㅇㅇ 전용 세제'라는 이름으로 다양한 제품이 시중에 나와 있지만, 저는 청소용 세제는 단 2개면 충분하다고 생각합니다. 하나는 물때부터 기름때까지 폭넓게 활용할 수 있는 중성세제, 다른 하나는 곰팡이 제거제입니다. 이 두 가지만 갖추면 욕실이나 세면대 수도꼭지에 끼는 물때도 가볍게 뿌려 닦아

낼 수 있고, 곰팡이도 손쉽게 제거할 수 있어 일상적인 오염은 말끔히 없앨 수 있습니다.

세제를 욕실 앞 눈에 잘 띄는 곳에 두고 라벨지에 개봉 일자를 적어두는 습관을 들여보세요. 청소 주기를 자연스럽게 파악할 수 있고 다음 구매 시점을 판단하는 기준이 될 수도 있습니다.

손님용 칫솔은
사두지 않는다

여행 후 호텔에서 가져온 어메니티 칫솔은 버리기 아깝다는 생각이 들어 보관하는 사람이 많습니다. "다음 여행 때 쓰면 되겠지" "손님이 오면 유용하겠지" 하는 생각으로 하나둘 모으다 보면 어느새 서랍 한 칸이 칫솔로 가득 차게 됩니다. 그런데 막상 손님이 오면 그중 어떤 것이 언제, 어디서 가져온 것인지조차 기억나지 않습니다. 오래되어 포장 색이 바랜 칫솔을 꺼내 들고 나서야 "이걸 써도 될까?"라는 찜찜한 마음이 들곤 하지요.

칫솔은 입안에 직접 닿는 위생용품입니다. 한 번이라도 '언제 가져왔더라?' 하고 망설인다면 그건 이미 버려야 할 신호입니다. 오래된 어메니티 칫솔을 보관하는 건 나의 위생보다 '언젠가'를 우선순위에 두는 습관이기도 합니다.

사실 손님용 칫솔을 따로 마련해 둘 필요는 없습니다.

집에 있는 새 칫솔 하나를 꺼내면 그만이고, 여유분이 없다면 가까운 편의점에서 쉽게 구할 수 있습니다. 중요한 것은 '그때그때 필요한 만큼'만 갖추는 태도입니다.

한 칸의 서랍을 불필요한 물건으로 채우는 것은 그만큼 나의 여유와 집중력을 갉아먹는 일입니다. 물건을 저장하지 않으려는 습관과 공간을 관리 비용으로 인식하는 태도. 이 두 가지가 결국 돈이 쌓이는 사고방식을 만듭니다.

수건은
1인당 3장만

샤워 후, 어떤 수건을 사용하시나요?

집 안을 들여다보면 선물 받은 고급 브랜드 수건, 급하게 편의점에서 산 수건, 은행이나 보험사에서 받은 로고 수건 등 출처도, 크기도 제각각인 경우가 많습니다. 게다가 목욕 수건, 세안용 수건, 손수건 등 종류까지 뒤섞여 있으면 서랍 속이 금세 복잡해지고 수건 하나를 꺼낼 때마다 피로감이 쌓이게 됩니다.

저도 한때 목욕 수건을 따로 사용한 적이 있습니다. 천의 크기만큼 부피도 커서 잘 마르지 않았고 특히 장마철처럼 습한 날에는 가족 수만큼의 수건을 방에서 말리는 일이 무척 번거로웠습니다. 이제는 세안용 수건만 쓰는데, 훨씬 빠르게 마르고 샤워 후 물기를 닦기에도 충분해 세탁 스트레스에서 해방된 기분입니다.

수건 수량도 가족 구성원 각자 3장씩만 사용합니다. 수량을 제한한 대신 감촉이 부드러운 고급 수건을 골랐습니다. 수건은 소모품이기에 1년에 한 번 새것으로 교체하고 있습니다. 이 기준만 지켜도 수납장은 놀랄 만큼 단정해지고 빨래 양도 줄어듭니다.

수건을 한정된 수량만 두면 관리가 쉬워질 뿐 아니라 시각적인 통일감이 생겨서 공간 전체가 훨씬 깔끔해 보이고 하루를 시작할 때 소소한 안정감을 줄 수 있습니다. 또 자주 쓰는 수건이 반복 세탁으로 낡아가면 자연스럽게 교체 시점을 인식할 수 있어 낭비 없는 소비로 이어집니다.

세탁을 자주 해야 해서 3장 제한이 부담스럽다면, 4~5장 등 적절한 수량을 정해보세요. 욕실이 훨씬 쾌적해지는 걸 경험하게 될 겁니다.

수명을 다한 수건과 칫솔은
모아두지 않는다

걸레로 쓰려고 모아 둔 수건과 티셔츠, 청소할 때 쓰려고 욕실에 쌓아둔 낡은 칫솔. 이렇게 용도가 끝난 물건들이 집안 곳곳에 모여 있는 모습은 어수선한 집의 전형적인 특징입니다. 마지막까지 물건을 잘 활용하려는 마음 자체는 환경에 이로운 태도지만, 단지 모아 두기만 한다면 의도한 대로 잘 쓰고 있다고 말할 수 없습니다.

물건이 쌓이는 이유는 크게 두 가지입니다. 하나는 낡은 수건을 걸레로 만들기 위해 적당한 크기로 자르는 과정이 번거롭거나 시간이 없어서 미루는 경우, 다른 하나는 청소 주기에 비해 모아 두는 물건이 많아져 필요한 양을 초과하기 때문입니다.

수건을 걸레로 쓰겠다고 마음먹었다면 바로 현관 바닥을 닦고, 칫솔을 새것으로 바꿨다면 즉시 세면대 주변 청소에 사용하세요. 고작 3분이면 끝나는 일이니 굳이 모아 둘 필요 없이 바로 활용하고 말끔히 처리하는 게 좋습니다.

에 사용하세요. 고작 3분이면 끝나는 일이니 굳이 모아 둘 필요 없이 바로 활용하고 말끔히 처리하는 게 좋습니다.

버리는 순간도 고려한
화장품 선택

세면대 주변을 어지럽히는 대표적인 물건이 바로 화장품입니다. 스킨, 로션 같은 기초 화장품부터 파운데이션, 컨실러, 아이라이너, 립스틱 같은 색조 화장품까지 종류도 다양하지요. 그런데 지금 집에 화장품이 얼마나 있는지 바로 말할 수 있나요? "한두 번 쓰고 손이 안 가서 그대로 뒀어요" "좋아 보여서 샀는데 피부에 맞지 않더라고요" "이제 질려서 안 써요"라고 말하는 분들이 많을 겁니다. 그리고 파우치나 세면대에는 쓰다 만 화장품이 꽤 쌓여 있을지도 모릅니다.

자녀가 있는 집은 아이 화장품에 남편의 용품까지 더해져 세면대 주변이 말 그대로 '카오스' 상태가 되기 쉽습니다. 이렇게 어수선해진 공간을 볼 때마다 스트레스를 받는 분들도 많습니다.

화장품은 처음부터 버릴 순간까지 고려해서 선택하는

것이 좋습니다. 사용하지 않는 화장품을 쉽게 버리지 못하고 그대로 두는 이유 중 하나는 분리배출이 번거롭기 때문입니다. 예를 들어 헤어스프레이는 가스를 모두 빼야 하고, 유리병에 든 매니큐어는 내용물을 깨끗이 닦은 뒤 배출일에 맞춰 버려야 하지요.

처음부터 분리배출이 쉬운 화장품, 즉 플라스틱 등 간편하게 버릴 수 있는 용기의 제품을 선택하는 건 어떨까요? 정리와 소비 모두를 가볍게 만드는 현명한 방법입니다.

그 저가 화장품,
10만 원이라도 샀을까?

'○○전용'이라는 이름의 화장품, 구매 전 한 번 더 생각해보세요. 예를 들어 스트레이트 헤어 전용 제품은 펌을 하면 더는 사용할 수 없습니다. 이렇게 특정 용도로만 사용하는 제품은 끝까지 쓰기 어렵고, 결국 어중간하게 남겨진 채 방치되는 경우가 많습니다. 오히려 '다 썼다!' 하는 성취감을 주기 위해서라도 가격 대비 용량이 많은 제품보다는, 약간 비싸더라도 적은 용량을 고르는 것이 현명한 선택입니다.

최근 SNS의 영향으로 저가 화장품을 가득 쌓아두는 집도 늘고 있습니다. '시험 삼아' '싼 맛에' '색깔별로 모으고 싶어서'라는 이유로 손에 쥔 작은 병들이 어느새 서랍을 가득 채우죠. 그런데 똑같은 제품이 10만 원이라면 과연 그렇게 쉽게 사게 될까요?

가격은 소비의 속도를 조절하는 일종의 브레이크입니

다. 저가 제품은 처음엔 부담이 없지만, 결국 '조금만 더'라는 생각으로 끝없는 소비를 불러옵니다. 반면 한 번에 10만 원을 내야 한다면 '정말 필요한가?' '이 제품이 나에게 어울리나?'를 자연스럽게 묻게 됩니다. 이 질문을 스스로에게 던지는 순간부터 소비는 '습관'이 아니라 '선택'이 됩니다.

진짜 나에게 어울리고 내 매력을 돋보이게 해주는 제품을 산다면 그것은 투자겠지요. 하지만 단순히 물욕을 채우거나 SNS 속 남의 화장대를 흉내 내기 위한 소비라면, 그건 낭비일 뿐입니다.

6개월이 지나면
버려야 할 것들

화장품을 언제 버려야 할지는 많은 이들에게 고민거리입니다. 특히 아이섀도, 블러셔 같은 색조 화장품은 몇 년을 써도 바닥이 보이지 않으니 버릴 시점을 가늠하기 어렵지요. 개봉 후 6개월 이상 사용하지 않은 화장품은 과감히 처분하는 기준을 세워보세요. 화장품은 개봉 순간부터 신선도가 떨어지기 시작하고 피부에 직접 닿는 물건이기 때문에 오래 방치한 제품은 사용을 피하는 것이 좋습니다. 스스로 피부가 예민하다고 느끼는 분이라면 그 기준을 더 짧게 잡는 것이 바람직합니다.

한편 미용 가전은 유행도 빠르고, 해마다 업그레이드된 제품이 끊임없이 출시됩니다. 그런데 10년 전에 산 미용기기나 헤어 스타일러가 여전히 욕실 수납장 구석에 남아 있지는 않나요? 1년 이상 사용하지 않은 미용기기는 과감하게 정리하는 것이 좋습니다. 사용법이 복잡하거나 무겁고 불편하거나, 아니면 생활 방식이 바뀌면서 더 이상 쓸 여유가 없는 탓일 수도 있습니다.

비싼 가격 때문에 버리기 망설여질 수 있지만, "제 역할을 다했다"라고 생각해보세요. 나중에 필요해지면 충분히 비교하고 검토한 후 업그레이드된 새 제품을 구매해도 늦지 않습니다.

샘플은 여행이 아닌
일상에서

7장 비울수록 청결해지는 욕실

화장품을 사면 따라오는 샘플, 어느새 파우치 하나 가득 모여 화장대 서랍 안에 잠들어 있지 않나요? 샘플은 일회용으로 되어 있어 많은 사람들이 "여행 갈 때 쓰려고" 따로 빼두곤 합니다. 하지만 그 사용법은 추천하지 않습니다.

여행은 익숙하지 않은 환경으로 이동하는 일이기에, 피부도 평소보다 예민해지기 쉽습니다. 특히 따뜻한 나라의 리조트에 가면 햇볕에 피부가 그을릴 수 있는데, 그 상태에서 처음 써보는 화장품을 바르면 피부 트러블이 생길 가능성이 높아집니다. 소중한 여행지에서 피부 문제로 고생하게 된다면 사진을 찍는 즐거움도 반감되겠지요. 그래서 화장품 샘플은 여행이 아닌 '일상'에서 사용하는 것이 더 좋습니다.

구체적으로는 샘플만 다로 모아 둔 파우치에 넣기보다, 평소 자주 사용하는 화장품 파우치에 함께 보관해두는 것이 포인트입니다. 샘플을 바로 사용할 수 있는 시스템을 집 안에 만들어보는 것도 좋습니다. 마스킹 테이프를 이용해 욕실이나 세면대 문, 벽 등에 샘플을 붙여 두는 것입니다. 이렇게 하면 샘플이 눈에 띄는 곳에 노출되어 자연스럽게 '빨리 써야지' 하는 동기가 생깁니다.

헬스나 필라테스, 수영 등 운동을 꾸준히 다니는 분들이라면 수업을 마친 후 샤워하면서 샘플을 사용하는 것도 좋은 방법입니다. 운동 가방에 미리 넣어두면 잊지 않고 활용할 수 있습니다.

자외선 차단제와
벌레 퇴치제는 오래 써도 될까?

여름 날씨가 점점 더 뜨거워지고 있습니다. 제 어린 시절과 비교하면 믿기 어려울 만큼 무더운 날씨가 당연해졌지요. 이제는 외출할 때 자외선 차단 크림이나 스프레이가 필수가 되었습니다. 일상용, 여행용, 야외 활동용 등 상황에 따라 자외선 차단제를 따로 준비하는 분들도 많습니다.

그런데 혹시 작년에 쓰다 남긴 자외선 차단제를 지금도 계속 사용하고 있지 않나요? 자외선 차단제에는 자외선 흡수 성분과 방부제가 다량 함유되어 있어 일반 화장품보다 개봉 후 되도록 빨리 써야 하는 제품입니다. 몇 년 전에 산 차단제를 무심코 얼굴에 바르다가 피부 트러블이 생겨 피부과를 찾게 된다면 절약이 아니라 오히려 돈을 더 쓰게 되는 결과가 됩니다.

여름철에만 쓰는 라탄 가방이나 수영복 사이에 자외선

차단제와 벌레 퇴치제가 섞여 있을 수 있으니, 계절이 바뀔 때나 옷 정리할 때 함께 점검하는 습관을 들여보세요.

아직 사용할 수 있는 제품을 버릴 때 아깝다는 생각이 드시나요? 그렇다면 그 감정을 반면교사로 삼아보세요. "다음에는 더 작은 용량으로 사자" "우리 집엔 ○○ 스프레이가 가장 잘 맞는구나"처럼 다음 소비에 교훈을 얻는다면 그 경험만으로도 충분히 본전을 찾은 셈입니다.

어떤 물건을 필요 이상으로 가지고 있었는지, 나에게 정말 필요한 물건은 무엇인지 하나씩 알아가는 과정을 통해 구매 실패는 줄어들고 낭비 없는 소비 습관이 자리를 잡으면서 돈이 쌓이는 생활로 나아갈 수 있습니다.

8장

하루의 시작과
끝이 만나는 현관

하루의 시작과 끝이 만나는
현관이 말끔해지면
집의 첫인상뿐 아니라
하루의 흐름이 좋아집니다.

돈이 새는 현관의 특징 1
: 비닐우산

편의점, 지하철역 등에서 쉽게 살 수 있는 비닐우산은 갑작스러운 비가 올 때는 유용한 물건입니다. 그런데 의뢰인들의 집을 정리하면서 느낀 점은, 너저분한 집일수록 현관에 비닐우산이 유독 많았다는 사실입니다. 3인 가족인데도 5개, 10개씩 있는 가정이 많았고 심지어 혼자 사는데도 비닐우산이 20개 이상 있는 집도 있었습니다.

요즘은 스마트폰으로 기상 정보를 쉽게 확인할 수 있으니 비가 오기 전 미리 우산을 챙기는 습관만 들여도 비닐우산을 사는 횟수는 크게 줄일 수 있습니다. '비 오면 그때 가서 하나 사지 뭐'라는 생각은 결국 낭비로 이어집니다.

또 비닐우산은 살 땐 쉽지만 버릴 땐 까다로운 물건입니다. 어떤 지역은 일반 쓰레기로 버릴 수 있지만 대부분 우산대와 비닐을 분리해 배출하거나 대형 생활폐기물로 신고

해야 하는 등 절차가 복잡합니다. 처리하는 데 시간과 에너지가 드는 물건일수록 처음부터 개수를 줄이는 것이 최선입니다.

비닐우산을 무심코 사지 않으려면 접이식 우산을 휴대하는 습관이 가장 좋습니다. 요즘은 자외선 차단 기능까지 갖춘 우양산 겸용 우산도 많으니, 일사병 예방을 겸해 하나쯤 마련해 두는 것도 좋지요. 자주 들고 다니는 가방 안에 접이식 우산을 항상 넣어두면 갑작스러운 비에도 우산을 살 필요가 없어집니다.

비 오는 날, 역에서 집까지 아주 짧은 거리를 가야 하거나 목적지를 눈앞에 두고 갑자기 소나기를 만났을 때 저는 오히려 택시를 타는 편입니다. '택시비 아깝다'라고 생각할 수도 있지만, 비닐우산 하나에 6000~7000원 정도 하는 걸 떠올려보세요. 짧은 거리를 택시로 이동하는 비용과 큰 차이가 없고 젖은 우산을 들고 다니거나 보관하고 버리는 번거로움까지 고려하면 오히려 택시가 더 합리적인 선택이 될 수 있습니다.

또 다른 방법은 '마음에 쏙 드는 우산'을 갖는 것입니다. 비가 올 때마다 6000원짜리 비닐우산을 사는 횟수가 10번이 넘어가면 이미 10만 원 가까운 지출이 됩니다. 그 돈이면

백화점에서 취향에 맞는 우산을 몇 개 살 수 있지요.

저는 얼굴이 화사해 보이는 색깔의 우산을 하나 골라 샀고 그 우산 덕분에 비 오는 날마다 "오늘 저 우산을 쓰는 날이구나"라는 생각에 기분이 좋아졌습니다. 신중하게 고른 물건이다 보니 사용 후에는 곧바로 물기를 닦고 맑은 날엔 펼쳐 말리는 습관도 생겼습니다. 깜빡 두고 오는 일 없도록 더 신경 쓰게 되었고요.

패션에 관심 있는 분이라면 우산과 어울리는 옷을 고르는 재미도 비 오는 날의 작은 즐거움이 될 수 있을 거예요.

돈이 새는 현관의 특징 2
: 신발더미

신발장 안에 어떤 신발이 얼마나 있나요? 가족 수, 나이, 생활 방식에 따라 다르겠지만 정리 상담 중 가장 자주 듣는 말은 이렇습니다.

"신발장이 너무 작아요."

"구두 수납함까지 샀는데도 다 안 들어가요."

결국 신발이 현관 바닥까지 나와 있는 경우가 많습니다. 그런데 현관은 단순히 신발을 벗고 신는 공간이 아닙니다. 집의 첫인상이자, 바깥의 먼지와 공기를 실내로 들이지 않는 완충 구역이죠. 이곳이 신발로 어질러져 있으면 청결도가 떨어지고 공간의 에너지도 흐트러집니다. 외출 전후로 마음이 복잡하거나 피곤할 때 어수선한 현관은 그 피로를 더 키우기도 합니다.

게다가 신발이 바닥에 널브러져 있으면 매일 그 사이를

비집고 다녀야 하고, 급하게 나설 때는 발 디딜 틈조차 없어 스트레스가 쌓입니다. 이런 사소한 불편이 결국 생활의 질을 떨어뜨립니다.

특히 신발장 안에는 꼭 보관할 필요가 없는 신발이 많은 건 아닌지 살펴보세요. 대표적인 예가 등산화나 테니스화, 골프화, 스키·보드용 부츠 같은 '전용 운동화'입니다. 한두 번 사용하고 그대로 방치된 경우가 많은데, 기능성 신발의 수명은 대개 5년으로 오래 두면 소재가 삭고 기능도 떨어집니다. 1년 이상 신지 않았다면 처분을 고려하는 게 좋습니다. 나중에 또 필요해지면 중고 거래 플랫폼을 통해 저렴하게 샀다가 사용 후 되파는 것도 좋은 방법입니다. 이렇게 순환을 주기적으로 하면 신발장을 더 깔끔하게 유지하면서 공간 활용도 효율적으로 할 수 있습니다.

신발을 줄이는 일이 어렵다면 적어도 신발장 안에 '여유 공간'을 확보해 현관 바닥에 나와 있는 신발부터 줄여보세요.

구두는 상자에서 꺼내
상태를 확인하자

성인 여성이라면 대부분 경조사용 검은색 구두 한 켤레쯤은 가지고 있습니다. 젊은 시절 고심 끝에 산 명품 구두, 결혼식이나 중요한 모임을 위해 마련한 고급 구두 말이지요. 그런데 그런 구두, 신발장 구석 어딘가 상자 안에 오래도록 넣어두고만 있진 않나요? 코로나 시기 이후로 격식 있는 자리에 갈 일이 줄어, 꺼내 신을 기회조차 없었던 분들도 많을 겁니다.

이제 그 구두를 한 번 꺼내 상태를 점검해보세요. 표면에 곰팡이가 피었거나, 굽의 접착제가 떨어졌거나, 뒤축이 벗겨져 있지는 않나요? 가죽과 고무는 시간이 지나면 경화되고 소재가 약해집니다. 아무리 비싼 구두라도 신지 않은 채 오래 두면 기능이 저하되어 막상 신으려는 순간 망가질 위험이 있습니다.

또 하나, 유행과 스타일도 함께 점검해보세요. 지금의 옷차림, 생활 방식, 체형 변화와도 여전히 잘 어울리는 구두인가요? 최근 패션 트렌드는 예전보다 훨씬 가볍고, 편안하고, 실용적인 디자인입니다.

새로 구두를 장만할 때도 '가격'보다 '활용도'를 기준으로 선택해보세요. 구두는 소모품입니다. 오래된 것, 신지 않는 것, 지금의 나와 맞지 않는 것부터 과감히 정리해보세요. 부피가 큰 구두 상자까지 함께 비워내면 신발장에 여유 공간이 생기고 삶에도 한결 가벼운 여백이 만들어질 겁니다.

현관 정리는
재난 관리의 첫걸음

몇 해 전, 홍수 피해 지역으로 봉사활동을 다녀온 지인이 들려준 이야기가 잊히지 않습니다. 그분은 침수된 집들의 잔해를 치우는 일을 도왔는데 공통점이 하나 있었다고 합니다. 짐이 많을수록 복구가 훨씬 더디다는 것이었죠.

옷장과 서랍, 창고마다 물건이 가득한 집은 젖은 물건을 꺼내고 버리는 데만 며칠이 걸렸습니다. 반대로 물건이 적은 집은 철거와 청소가 빠르게 끝나, 바로 수리와 복구로 넘어갈 수 있었습니다. 그 지인은 이렇게 조언했습니다.

"재해를 대비하기 전에 먼저 물건부터 줄이세요."

입지 않는 옷이 가득한 옷장, '언젠가 쓰겠지' 하며 넣어둔 커튼과 카펫, 서랍 속에 묵은 잡동사니들…. 이런 것들이 평소엔 그저 공간을 차지하는 존재일 뿐이지만, 재난 상황에서는 복구를 방해하는 걸림돌이 됩니다. 수리 일정이 늦

어지는 건 물론이고, 떨어진 물건 때문에 다치거나 출입구를 막아 탈출을 어렵게 만들 수도 있습니다. 결국 정리를 미루는 일은 안전을 미루는 일과 다르지 않습니다.

물건을 줄인 뒤에는 가족의 상황에 맞는 '방재용품 리스트'를 만들어 두는 것이 중요합니다. 방재용품은 가족 구성과 생활 방식에 따라 다릅니다. 고령자가 있다면 지팡이, 혈압계, 복용약이 포함되어야 하고, 어린아이가 있다면 기저귀·분유 같은 필수품을 챙겨야겠죠. 반려동물이 있다면 사료와 물, 이동 가방도 필요합니다. '3일 치' '일주일 치' 식으로 기간을 나누어 실제 생활을 시뮬레이션해보면 현실적인 리스트를 만들 수 있습니다.

이렇게 완성한 방재 가방은 옷장 깊숙한 곳이 아니라 바로 들고 나갈 수 있는 자리에 두어야 합니다. 급박한 상황에서 "어디에 뒀더라?" 하며 찾는 일은 없어야 합니다. 현관이 신발과 잡동사니로 어질러져 있다면 그조차 쉽지 않겠죠.

결국 방재의 시작도 '정리'에서 비롯됩니다. 물건이 적은 집은 위기 앞에서도 빠르게 대응하고, 가족의 안전을 지킬 여유를 가질 수 있습니다.

비닐봉지가 차지하는
공간의 비용

현관 팬트리나 창고에 유난히 많이 쌓이는 물건 중 하나가 바로 비닐봉지입니다. 예전엔 마트나 편의점에서 무료로 주던 물건이라 무심코 버리기도 했지만 유료화 이후엔 '언젠가 쓸 수 있는 귀한 자원'처럼 여겨져 자연스레 모으게 된 분들이 많을 겁니다.

그 결과 집 안 구석에 비닐봉지가 상자째 쌓여 있는 경우가 적지 않습니다. 한 의뢰인은 "아기 기저귀 버릴 때 쓰려고 모아 둔 거예요. 계속 쓰니까 괜찮겠죠?"라며 4박스 분량의 비닐봉지를 보여준 적이 있었는데 재사용 의도는 훌륭하지만, 양이 지나쳤습니다. 그만큼의 공간을 점유하고 있다는 사실 자체가 이미 '보이지 않는 비용'이기 때문입니다.

물론 요즘은 봉투 전용 수납함이나 디스펜서 등 정리용품이 잘 나와 있어 깔끔하게 보관할 수도 있습니다. 그러나 물건이 과도하게 공간을 차지하는 순간 그것은 절약이 아니라 또 다른 형태의 소비로 바뀐다는 사실을 기억하세요.

비닐봉지가 쌓여 잃는 공간과 질서감은 절대로 가볍지 않습니다. 내가 머무는 공간에서 진짜 아끼고 싶은 것이 '봉지'인지, 아니면 '여유로운 생활 공간'인지 떠올려보세요.

쓸모 있어 보이지만
결국 버리게 되는 물건

1000명이 넘는 의뢰인의 집을 방문하는 과정에서 한 가지 공통점을 발견했습니다. 많은 분이 "이건 언젠가 쓸 거예요"라고 말하며 아껴둔 물건들이 결국은 거의 쓰이지 못한 채 버려진다는 사실이었습니다.

대표적인 예시는 이렇습니다.

- 빈 잼 병: 저장용으로 쓰려고 했지만 결국 방치.

- 빈 상자: 수납용으로 쓰려다 오히려 쌓이기만 함.

- 꽃바구니: 다른 용도로 활용하려다 결국 먼지만 쌓임.

- 종이봉투, 에코백, 페트병 케이스: 늘어나도 줄지 않음.

- 볼펜, 포스트잇, 과자 속 장난감: 버리기가 애매해 계속 남음.

- 포장 용품: 구겨지거나 낡아 결국 못 씀.

코로나 이후에는 사용하지 않는 소독제, 마스크가 새롭게 목록에 올랐고, 요즘은 머그컵과 텀블러도 많습니다. 한 집에서는 무려 10개 가까운 텀블러가 나왔는데, 몇 개는 바닥에 구멍까지 나 있었죠. 그때 서로 웃으며 "밑 빠진 독에 물 붓기네요"라고 말했던 기억이 납니다.

이런 물건들의 공통점은 단 하나예요.

'물건으로서는 멀쩡하지만, 지금 나에게 쓸모가 없다.'

게다가 대부분 공간을 많이 차지하고 애매한 크기라 정리하기도 어렵습니다. 어쩌다 보니 늘어난 '자질구레한' 물건들은 과감히 보내주는 결단이 필요합니다.

9장

소유하지 않아도
추억은 남는다

추억이 담긴 물건이라고 해도
꼭 소유해야 하는 것은 아닙니다.
물건은 떠나도 기억은 사라지지 않으니까요.

놓아주어도 좋은 기억과
'추억 상자'에 보관할 기억

가족 앨범, 아이가 학교나 체험 행사에서 만든 작품, 여행지에서 사 온 그림과 소품들…. 모두 소중한 추억이 깃든 물건들이지만 시간이 지나면 그 수가 늘어나 집 안을 점점 채우기 시작합니다.

처음엔 귀엽고 의미 있었던 작품도 벽면을 가득 메우면 어느새 어수선해지고, 먼지가 쌓인 채 방치되면 '추억'이 아니라 '짐'이 되어버립니다. 여행지의 기념품 역시 마찬가지입니다. 선반 위를 차지한 채 장식인지 방치인지 모호한 상태로 남아 있으면 공간의 조화와 안정감이 깨지지요.

이런 사태를 방지하기 위해 '추억 상자'를 따로 만드는 것을 추천합니다. 간직하고 싶은 순서대로 물건을 담아보세요. 넣다 보면 자연스럽게 왜 이걸 남기고 싶은지가 분명해지고 "이건 사진만 남기고 놓아주자"라는 결정을 내리기 쉬워집니다. 물건을 줄이면서도 기억은 선명하게 남길 수 있습니다.

가벼운 마음으로 여행지 기념품부터 시작해보세요. 그릇, 편지, 사진, 옷…. '추억'이라는 이름으로 남아 있는 물건이 생각보다 많을 겁니다. 이때 '내가 떠난 뒤 가족이 이 물건을 발견했을 때, 이걸 남겨두길 잘했다고 느낄까?'라는 질문을 던져보면 정리의 기준이 선명해집니다.

특히 아이의 작품은 쉽게 버리기 어렵습니다. 하지만 '물건과 추억은 별개'라고 생각하세요. 아이 작품을 모두 보관하는 대신 아이가 만든 작품을 직접 들고 설명하는 모습을 영상으로 기록해두면, 그 한순간의 표정과 목소리까지 남길 수 있습니다. 그 영상이 물건 자체보다 훨씬 따뜻하고 생생한 추억이 될 수 있습니다.

본가를 정리할 때
가장 먼저 버려야 할 것

정리 상담을 하다 보면 자취하거나 결혼한 분들이 종종 이렇게 말하곤 합니다.

"사실 본가가 너무 지저분해요."

"우리 부모님도 물건이 너무 많아서 걱정이에요."

나이가 들수록 부모님 댁에 쌓인 짐이 눈에 들어오기 시작합니다. 자연재해나 갑작스러운 위급 상황을 떠올리면 연로하신 부모님이 물건 더미 속에서 지내는 모습이 마음에 걸리기도 하죠. 그럴 때 저는 늘 이렇게 되묻습니다.

"혹시 본가에 아직도 본인 짐이 남아 있나요?"

대부분 잠시 멈칫하다가 고개를 끄덕입니다. 학창 시절 앨범, 입지 않는 옷, 다 읽은 책, 잡다한 소품들까지. '버리기 아까우니까 일단 본가에 두자'라는 마음으로 짐을 옮겨둔 경우가 많습니다. 하지만 본가는 창고가 아닙니다.

정작 본인 짐이 여전히 본가 한구석을 차지하고 있는 상황에서 부모님의 정리 습관을 탓한다면, 그 말이 아무리 옳더라도 설득력이 떨어집니다.

이제는 부모님께 '정리 좀 하세요'라고 말하기 전에 내 짐부터 거두는 일이 먼저입니다. 결혼 후에도, 자취를 오래 했더라도, 본가에 남겨진 물건이 있다면 정리하는 게 우선입니다. 솔선수범이야말로 부모님 세대에게 정리의 필요성을 가장 자연스럽게 보여드릴 수 있는 방법이기도 하겠죠.

캐리어,
꼭 필요한 만큼만 두기

여행 갈 때마다 꺼내 쓰는 캐리어. 베란다나 드레스룸 구석에 자리만 차지한 채 먼지만 쌓여 있지는 않나요?

캐리어는 부피 대비 활용도가 낮은 대표적인 물건입니다. 여행을 매일 가는 게 아니다 보니 캐리어는 어느새 '보관용 수납함'이 되어버리기도 합니다.

"안에 안 쓰는 옷이나 잡동사니를 넣어뒀어요"라며 쓸모 있게 활용한다고 생각하기 쉽지만, 이건 사실상 '버리지 않은 짐을 잠시 숨겨둔 상태'일 뿐입니다. 캐리어는 이동을 위해 만든 물건이라 안에 넣은 짐을 꺼내 쓰기도 불편합니다.

가장 현실적인 정리 방법은 '1인 1개 원칙'입니다. 가족 구성원 수만큼만 남기고 크기가 겹치는 것은 과감히 비워보세요. 20인치대 소형은 단거리 여행용으로, 24~26인치는 3~5일 정도의 여행용으로, 28인치 이상은 장기 여행용으로 구분해두면 됩니다. 사용 빈도가 낮은 캐리어는 서로 안에 겹쳐 넣어 보관하세요. 큰 캐리어 안에 중간 크기를, 그 안에 소형을 넣으면 부피를 1/3로 줄일 수 있습니다.

또 여행 후에는 바로 비워서 깨끗이 닦고, 방습제를 넣은 뒤 세워서 보관하는 게 좋습니다. 눕혀 두면 아래쪽 바퀴나 손잡이에 변형이 생길 수 있어요. 만약 1년에 한두 번만 쓰는 수준이라면 굳이 여러 개를 보유할 필요는 없습니다.

필요할 때 친척이나 지인과 서로 빌려 쓰는 공유 방식으로도 충분하고 요즘은 중고 거래 앱에서도 상태 좋은 캐리어를 쉽게 사거나 되팔 수 있습니다. 정리의 핵심은 '갖고 있는 개수'보다 '사용 빈도'입니다. 당장 여행 계획이 없는 캐리어가 팬트리 한 칸을 차지하고 있다면, 그건 이미 짐이 된 것입니다. 캐리어는 '언제든 떠날 수 있는 나'를 위한 물건이지 '떠나지 않는 짐'을 쌓아두는 상자가 아닙니다.

현명한 보관법

물건을 모두 버리지 않아도 '여유로운 집'을 만드는 방법이 있습니다. 바로 사용 빈도에 따라 물건의 자리를 바꾸는 것입니다.

스키·보드 장비, 캠핑 용품, 골프 가방처럼 덩치가 큰 스포츠 용품이나, 선풍기·난로·겨울 이불·크리스마스트리처럼 계절 한정 물건은 거실이나 방에서 치워내고 베란다 수납장이나 다용도실 선반으로 옮겨보세요. 계절이 바뀔 때마다 물건을 교체하기 쉽고 집 안의 동선도 훨씬 깔끔해집니다.

하지만 집이 좁다면 수납보다 '비우기'부터 시작하세요. 자주 쓰지 않는 물건, 이미 용도가 끝난 물건, 언젠가 쓸지도 모른다는 이유로 두고 있는 물건부터 과감히 정리하는 겁니다. 공간이 부족한 집일수록 물건 하나하나가 차지하는 비용과 에너지가 더 크기 때문입니다. 불필요한 짐을 덜어 내야 비로소 진짜 필요한 물건이 들어설 자리가 생깁니다.

그다음에는 공간을 세분화해 효율적으로 쓰는 방법을 시도해보세요. 침대 밑 서랍, 수납 겸용 의자, 천장 아래 상부장, 옷장 상단 등 '눈에 잘 띄지 않는 공간'을 활용하면 실평수보다 넓게 쓸 수 있습니다.

중고 거래와
친해지기

이제는 필요 없는 물건을 정리할 때 자연스럽게 중고 거래 앱을 떠올리는 분들이 많습니다. 나에겐 쓸모없지만 누군가에게는 유용할 수 있고 약간의 수입도 생기며 환경에도 도움이 되니 그야말로 '일석삼조'처럼 느껴지지요.

하지만 중고 거래가 오히려 정리의 발목을 잡는 경우도 적지 않습니다. 판매하려다가 미뤄둔 물건, 등록해놓고 팔리길 기다리는 물건, 그리고 택배용 상자와 완충재까지…. 이런 '거래 대기 중인 물건들'이 방 한쪽을 차지하며 분명히 정리했는데도 어수선한 상태를 만들곤 합니다.

중고 거래를 현명하게 활용하려면 목표의 우선순위를 분명히 해야 합니다. '돈을 벌고 싶다' '물건을 줄이고 싶다' '낭비를 막고 싶다' 이 세 가지를 동시에 이루긴 어렵습니다. 이 책을 읽고 있는 당신의 가장 큰 목표가 '공간을 비우고 정

돈하는 것'이라면, 거래 성사 여부에 너무 얽매이지 않아야
합니다.

예를 들어 옷, 가방 같은 물건은 리사이클 매장이나 기
부처에 바로 가져가는 것이 훨씬 간단합니다. 금액보다 중
요한 건 '이 물건이 새로운 주인을 만나 다시 쓰이게 됐다'라
는 마음의 정리입니다.

중고 거래는 흥정, 포장, 발송 등 생각보다 손이 많이 가
는 일입니다. 정리가 시급한 상황이라면 되레 시간과 공간
을 더 소모하는 일이 될 수도 있지요. 필요한 경우에만 정리
의 흐름을 방해하지 않는 선에서 활용하는 것이 진짜 '현명
한 거래'입니다.

아직 쓸 만한 옷을
정리할 때 유용한 팁

일상에서 가장 버리기 어려운 물건 중 하나가 바로 '아직 입을 수 있는 옷'입니다. 멀쩡한 옷을 버리려면 왠지 낭비 같고, 죄책감이 들지요. 특히 아이 옷은 금세 작아져서 못 입게 되는데 상태가 좋아 "누군가 입을 수 있지 않을까?"라는 생각에 정리하지 못하거나, 아기 때 입던 귀여운 옷에 담긴 추억 때문에 버리지 못하는 분들도 많습니다.

한 의뢰인은 친척에게서 대량으로 물려받은 아이 옷 때문에 고민하고 있었습니다. "필요 없으면 버려도 돼요"라는 말과 함께 받은 물건이라 해도 막상 버리려면 마음이 편치 않았던 거죠.

요즘은 필요 없는 옷을 기분 좋게 정리하고, 동시에 누군가에게 실질적인 도움이 되는 방법이 많습니다. 예를 들어 지자체의 의류 수거함, 사회복지단체의 기부 캠페인, 아동복 전문 기부처나 리사이클 매장을 활용하는 것이죠. 상태가 좋은 옷은 중고 거래나 나눔 앱을 통해 필요한 사람에게 직접 전달할 수도 있습니다.

중요한 건 버리느냐 마느냐가 아니라 내가 정말 입을 옷만 남기고 나머지는 순환시키는 것입니다. 누군가에게 다시 쓰일 수 있다면 그건 버림이 아니라 좋은 순환의 시작입니다.

옷장을 정리하며 나눔을 실천할 수 있는 단체

• 아름다운 가게

쓰지 않는 물건을 기증하면 되팔아 그 수익금으로 국내외 소외 이웃을 돕는 비영리 공익재단입니다. 옷 기부 방법은 크게 ① 매장 직접 방문 기부 ② 홈페이지나 전화를 통한 방문 수거 신청 ③ 택배 기부가 있습니다. 기부할 옷은 구멍, 오염 등이 없는 재사용 가능한 상태로 깨끗하게 세탁 후 포장하여 전달하면 됩니다. 아름다운 가게에 물품을 기부하면 기부금 영수증을 발급받아 연말정산 시 세액공제 혜택을 받을 수 있습니다.

• 리클

리클은 모바일 앱을 통해 비대면 헌옷 수거 서비스를 제공하고 수거된 옷의 재사용과 재순환을 통해 탄소 저감에 기여하는 친환경 스타트업입니다. 헌옷 수거함까지 직접 무거운 옷을 가져갈 필요 없이, 앱으로 간편하게 수거를 신청하고 문 앞에 내놓으면 됩니다. 수거된 옷은 검수를 거쳐 재판매(리세일)되거나 재활용되며, 수거 보상금을 현금 또는 포인트로 지급합니다. 의류 20벌 이상일 때 수거 신청이 가능합니다.

• 굿윌스토어

굿윌스토어는 밀알복지 재단에서 운영하는 비영리단체로, 시민과 기업으로부터 기증받은 물품을 판매하여 장애인에게 일자리를 제공하고 자립을 돕는 기업입니다. 굿윌스토어 홈페이지에서 온라인으로 신청하거나, 전화(1533-0091)로 접수합니다. 소량 기증은 택배 수거 기증인 경우 1박스 이상, 매장 방문 기증은 부피가 크거나 무거운 물건, 소량 물품은 가까운 굿윌스토어 머장 운영시간 내에 직접 방문해

기증할 수 있습니다. 굿윌 스토어도 기부금 영수증을 발급
받아 연말정산 시 세액공제 혜택을 받을 수 있습니다.

끝까지 읽어주셔서 진심으로 감사합니다. 책의 시작에서 이런 질문을 드렸지요. '갖고 싶은 물건'과 '살 수 있는 물건', 어느 쪽을 사는 것이 돈이 쌓이는 습관일까요? 이제 해답을 찾으셨나요? 그 답은 이제 여러분의 일상에서 드러나고 있을 것입니다. 정리란 내가 어떤 가치에 시간과 돈을 쓰며 살아가고 있는가를 묻는 행위입니다.

제가 10년 넘게 의뢰인들의 집 정리정돈을 함께 하며 느낀 것은, 정리를 마친 결과가 단지 집이 깔끔해진 것에서 그치지 않았다는 사실입니다. 정리를 통해 삶의 태도 자체가 바뀌는 고객의 모습을 수도 없이 지켜보았습니다. 결코 과장이 아닙니다.

정리를 하면 집안일이 쉬워지고 불필요한 소비가 줄어 시간과 돈에 여유가 생깁니다. 여유가 생기니 잔소리와 짜

증도 줄고, 가족관계가 예전보다 원만해졌다는 분들도 많았습니다. 무엇보다 "너저분한 나 자신과 이젠 작별했다"라는 뿌듯함과 자신감이 생겼다고 고백하는 의뢰인의 얼굴에 피어난 미소는, 제게 가장 큰 보람이자 기쁨입니다.

'돈이 쌓이는 집, 돈이 새는 집'이라는 주제로 온라인 잡지에 칼럼을 연재하기 시작했을 때 매회 큰 호응을 얻었습니다. 많은 독자가 자신의 이야기처럼 느끼며 정리에 대해 진지하게 고민하고 있다는 증거였지요. 그분들에게 조금이라도 도움이 되길 바라는 마음으로 이 책을 쓰게 되었습니다. 가볍게 웃으며, 부담 없이 읽을 수 있으면서도 삶을 바꿀 힌트를 담고자 했습니다. 부디 여러분에게 작은 전환점이 되었길 바랍니다.

스마트폰만 있으면 무엇이든 손쉽게 얻을 수 있는 시대지만 우리가 진짜 원하는 것은 넉넉한 시간, 충분한 돈, 그리고 돈독한 인간 관계 아닐까요?

'정리'는 이 모든 것을 늘릴 수 있는 최고의 방법입니다. 자, 이제 눈앞의 물건 하나부터 정리해보세요. 그 소소한 시작이 여러분의 삶을 놀랍도록 바꿔줄 테니까요.